essentials

essentials liefern aktuelles Wissen in konzentrierter Form. Die Essenz dessen, worauf es als „State-of-the-Art" in der gegenwärtigen Fachdiskussion oder in der Praxis ankommt. *essentials* informieren schnell, unkompliziert und verständlich

- als Einführung in ein aktuelles Thema aus Ihrem Fachgebiet
- als Einstieg in ein für Sie noch unbekanntes Themenfeld
- als Einblick, um zum Thema mitreden zu können

Die Bücher in elektronischer und gedruckter Form bringen das Fachwissen von Springerautor*innen kompakt zur Darstellung. Sie sind besonders für die Nutzung als eBook auf Tablet-PCs, eBook-Readern und Smartphones geeignet. *essentials* sind Wissensbausteine aus den Wirtschafts-, Sozial- und Geisteswissenschaften, aus Technik und Naturwissenschaften sowie aus Medizin, Psychologie und Gesundheitsberufen. Von renommierten Autor*innen aller Springer-Verlagsmarken.

Weitere Bände in der Reihe https://link.springer.com/bookseries/13088

Hede Helfrich

Ist unser Wille frei?

Eine interdisziplinäre Betrachtung
aus der aktuellen Forschung

 Springer

Hede Helfrich
Köln, Nordrhein-Westfalen, Deutschland

ISSN 2197-6708   ISSN 2197-6716 (electronic)
essentials
ISBN 978-3-662-64975-6   ISBN 978-3-662-64976-3 (eBook)
https://doi.org/10.1007/978-3-662-64976-3

Die Deutsche Nationalbibliothek verzeichnet diese Publikation in der Deutschen Nationalbibliografie; detaillierte bibliografische Daten sind im Internet über http://dnb.d-nb.de abrufbar.

Planung/Lektorat: Joachim Coch
Springer ist ein Imprint der eingetragenen Gesellschaft Springer-Verlag GmbH, DE und ist ein Teil von Springer Nature.
Die Anschrift der Gesellschaft ist: Heidelberger Platz 3, 14197 Berlin, Germany

Was sie in diesem *essential* finden können

- Warum Ist die Frage des freien Willens wichtig?
- Ist ein freier Wille mit den Naturgesetzen vereinbar?
- Sind unsere Handlungen determiniert?
- Hat die Hirnforschung den freien Willen zu Recht als „Illusion" erklärt?

Zusammenfassung

Behandelt wird die Frage, ob und warum ein freier Wille mit einer von Naturgesetzen determinierten Welt vereinbar ist oder nicht. Zwei Positionen versuchen
eine Antwort auf diese Frage zu geben: Kompatibilismus und Inkompatibilismus.
Beide Positionen weisen Argumentationsschwächen hinsichtlich des Verständ-
nisses von Determinismus auf. In diesem Buch wird eine Neubetrachtung des
Determinismus vorgenommen. Die Neubetrachtung basiert auf einer Modellvorstellung, die als „triarchisches Resonanzprinzip" bezeichnet wird. Nach diesem
Modell wird jede Handlung als das Resultat des Zusammenwirkens von drei
Komponenten betrachtet: der Aufgabe, dem Individuum und der Kultur. Die
spezifische Art des Zusammenwirkens wird durch die Metapher der „Resonanz" beschrieben. „Resonanz" bedeutet, dass bestehende Tendenzen durch eine
Anregung von außen eine selektive Verstärkung erfahren können. Die selektive
Verstärkung vollzieht sich als zeitlicher Prozess. Dieser wird entsprechend den
drei Komponenten unter drei Aspekten betrachtet: erstens unter dem aktualgenetischen Aspekt der Aufgabe, zweitens unter dem ontogenetischen Aspekt
des Individuums und drittens unter dem kulturgenetischen Aspekt der Tradition einer Gesellschaft. Die Erforschung der entsprechenden Prozesse erfordert
sowohl eine Außensicht (Dritte-Person-Perspektive) als auch eine Innensicht
(Erste-Person-Perspektive). Als Brückenschlag zwischen Außen- und Innensicht dient Morgans Postulat der „doppelten Induktion". Abschließend werden
Konsequenzen hinsichtlich der möglichen Existenz von Willensfreiheit gezogen.

Zielgruppe
Studierende und Lehrende mit Interesse an einem Interdisziplinären Zugang zu
ethischen Fragestellungen, aber auch interessierte Laien.

Inhaltsverzeichnis

Einleitung 1

1.1 Warum ist die Frage des freien Willens wichtig?

Täglich treffen wir Entscheidungen. Oft geht es um kleine Dinge wie beispielsweise, ob wir jetzt eine Tasse Kaffee oder doch lieber Tee trinken sollen, manchmal ober auch um größere Dinge wie beispielsweise ob wir uns impfen lassen sollen oder lieber nicht. Bisweilen halten wir inne und fragen uns: „Kann ich tun und lassen, was ich will?"; „Will ich eigentlich das, was ich tue?"; „Bin ich für mein Tun verantwortlich?". Und so drängt sich die Frage auf: „Sind wir es selbst, die bestimmen, was wir wollen und tun? Oder sind unsere Handlungen schicksalshaft vorgegeben und entziehen sich unserem Einfluss?" Damit stellt sich das Problem der Freiheit des Willens.

Im Alltag sind wir oft davon überzeugt, dass wir zwischen verschiedenen Handlungsmöglichkeiten wählen und uns „frei" für die eine oder andere Möglichkeit entscheiden können. Und im deutschen Strafrecht geht man davon aus, dass ein schuldig gesprochener Täter seine Tat in „Freiwilligkeit" begangen hat (vgl. Hillenkamp, 2015, S. 400) und daher für sein Tun verantwortlich ist.

Dagegen wird von prominenten Vertretern der Hirnforschung (z. B. Prinz, 2021, S. 277; Roth, 2004, S. 64[1]; Singer, 2004) der freie Wille als Irrglaube deklariert. Unser Wille sei nicht ‚frei', sondern ein Produkt von Zuständen und Abläufen in unserem Gehirn. Daher sei der Mensch für sein Handeln nicht verantwortlich. Man kann dieses Nicht-Verantwortlich-Sein als Befreiung von der Last der Entscheidung empfinden, da man dann ohne Gewissensbisse den dunklen Seiten seiner Existenz freien Lauf lassen könne. Aber der Glaube an die Belanglosigkeit des eigenen Tuns kann auch zum Fatalismus führen (vgl. Keil, 2017, S. 25).

---

[1] In Pauen und Roth (2008) wird diese Sichtweise jedoch nur noch eingeschränkt vertreten.

H. Helfrich, *Ist unser Wille frei?*, essentials, https://doi.org/10.1007/978-3-662-64976-3_1

1.2   Autonomie versus Vorherbestimmtheit

Die Debatte über die Freiheit des Willens durchzieht die gesamte Geistesge-
schichte und findet ihren Niederschlag in den verschiedensten Disziplinen als
Kontroverse zwischen Autonomie, d. h. Selbstbestimmung, einerseits und Vorherbestimmtheit andererseits. Während nach der Vorstellung von der Autonomie
der Mensch für sein Handeln selbst verantwortlich ist, ist er nach der Vorstellung
von der Vorherbestimmtheit in ein Netz von Bedingungen eingebunden, die seinen eigenen Handlungsspielraum in entscheidender Weise einengen oder sogar
eigenständiges Handeln gänzlich vereiteln.

Die Idee von der Vorherbestimmtheit stammt ursprünglich aus der Theologie, wo dem freien Willen des Menschen die Allmacht Gottes entgegengestellt
wird. Prototypisch für das Christentum ist die sog. Prädestinationslehre des Refor-
mators Johannes Calvin (vgl. Calvin, 1559). Demnach hat Gott das Schicksal
jedes Menschen hinsichtlich der ewigen Seligkeit oder der ewigen Verdamm-
nis vorherbestimmt. Im Zeitalter der Aufklärung wurde die Prädestinationslehre
in säkularisierter Form im sog. Determinismus aufgegriffen. Die Auseinandersetzung findet jetzt nicht mehr auf der Ebene der Theologie, sondern auf der
Ebene der Naturwissenschaften statt. Vorherbestimmt ist nicht mehr das Leben
nach dem Tode, sondern das Handeln in der diesseitigen Welt. Gefragt wird, ob
ein freier Wille mit den Naturgesetzen vereinbar ist oder nicht. Die Beantwortung dieser Frage hat weit reichende Konsequenzen vor allem für die persönliche
Verantwortung und die strafrechtliche Schuldfähigkeit.

Fazit
In diesem Kapitel wurde dargestellt, dass die Frage nach der Willensfreiheit eng
damit verknüpft ist, ob der Mensch für sein Tun selbst verantwortlich ist oder nicht.
Daraus ergibt sich die Kontroverse zwischen der Autonomie, d. h. Selbstbestimmt-
heit, des menschlichen Handelns einerseits und der Determiniertheit menschlichen
Handelns durch ein Netz von freiheitseinschränkenden Bedingungen andererseits.

Was versteht man unter Willensfreiheit?

2

2.1 Selbstbestimmtes Handeln

„Willensfreiheit" bedeutet die Fähigkeit einer Person zu selbstbestimmtem Handeln. Unter „Handeln" versteht man ein Tun, das auf ein Ziel gerichtet ist und die Zielerreichung steuert. Damit unterscheidet sich eine Handlung wesentlich von einem angeborenen Reflex als einer festen und stets gleichbleibenden Verknüpfung zwischen einem auslösenden Reiz und der darauf folgenden Reaktion (z. B. dem Lidschlagreflex). Als selbstbestimmt kann eine Handlung dann gelten, wenn vier Bedingungen erfüllt sind: Absicht, Anders-Handeln-Können, Urheberschaft und Ausführungskontrolle.

Bedingungen der Willensfreiheit

- Absicht
- Anders-Handeln-Können
- Urheberschaft
- Ausführungskontrolle

2.2 Absicht

Die Handlung muss mit Absicht ausgeführt werden. Es geht somit um eine *intentionale* Tätigkeit, die auf das Erreichen eines Ziels ausgerichtet ist. Die Absicht (synonym: Intention) beinhaltet den Entschluss bzw. die Entscheidung zu einem zukünftigen Handeln. Ein versehentliches Verhalten, wie etwa das unbemerkte Umstoßen eines Weinglases, würde diese Bedingung nicht erfüllen.

Die Absicht kann von unterschiedlichem Allgemeinheitsgrad sein, beispielsweise kann sie ein abstraktes Ziel betreffen, wie etwa die Absicht, an Gewicht abzunehmen, oder ein konkretes Ziel, wie etwa auf das verlockende Stück Torte zu verzichten.

Die Absicht ist weiterhin auf ein oder auch mehrere Motive angewiesen. Beispielsweise kann die Absicht, an Gewicht verlieren zu wollen, mit dem Motiv, besser aussehen zu wollen und/oder die Gesundheit zu bessern, verbunden sein. Die Absicht ist jedoch nicht mit dem Motiv gleichzusetzen, weil sie sich im Unterschied zum Motiv bereits auf eine zielorientierte Tätigkeit richtet. Noch stärker unterscheidet sie sich vom bloßen Wunsch, da dieser sich auch auf nicht erreichbare Gegebenheiten wie beispielsweise ein Millionär zu sein, beziehen kann.

Die Bildung der Absicht vollzieht sich in einem zeitlichen Prozess, der von unterschiedlicher Dauer sein kann (vgl. Mele, 2009, S. 10). Die Absicht kann spontan auftauchen (z. B. jetzt eine Tasse Kaffee zu trinken) oder lange vorbereitet sein (z. B. eine Heirat). Die Absicht muss der handelnden Person nicht notwendigerweise bewusst sein. Eine unbewusste Absicht kann sich auf frühere Absichten beziehen, die im Gedächtnis gespeichert wurden und in der augenblicklichen Situation handlungsleitend werden (vgl. Kuhl & Strehlau, 2014, S. 3).

2.3   Anders-Handeln-Können

Die zweite Bedingung erfordert, dass die handelnde Person in der gegebenen Situation sich auch anders entscheiden könnte, d. h. dass sie Wahlmöglichkeiten zwischen alternativen Optionen hat. Im einfachsten Fall kann die Person zwischen Handeln und Unterlassen wählen. Beispielsweise kann die Person wählen, ob sie das verlockende Stück Torte jetzt isst oder ob sie lieber darauf verzichtet.

2.4   Urheberschaft

Die dritte Bedingung erfordert, dass die handelnde Person den Entschluss zu einer der Wahlmöglichkeiten selbst fasst. Der Entschluss darf weder von außen aufgezwungen sein noch auf purem Zufall beruhen, sondern muss der handelnden Person zurechenbar sein. Die handelnde Person muss also Urheberin des

Entschlusses und daher für die Handlung verantwortlich sein. Damit impliziert die Bedingung der Urheberschaft zugleich die Bedingung des Anders-Handeln-Könnens, denn die Zurechenbarkeit kann nur dann gegeben sein, wenn die handelnde Person Wahlmöglichkeiten hat.

2.5 Ausführungskontrolle

Die vierte Bedingung betrifft die Umsetzung des Entschlusses in konkretes Handeln. Sie ist erfüllt, wenn die Ausführung der Handlung der Steuerung der handelnden Person unterliegt. Die Ausführungskontrolle, manchmal auch als „Handlungsfreiheit" (vgl. z. B. Greve, 1996, S. 110) bezeichnet, kann sowohl durch äußere als auch durch innere Zwänge beeinträchtigt sein. Ein äußerer Zwang hat seinen Ursprung in der Umgebung der handelnden Person, ein innerer Zwang bezieht sich auf die handelnde Person selbst. Im obigen Beispiel des Gewichtverlierens wäre ein äußerer Zwang gegeben, wenn das verlockende Stück Torte gar nicht verfügbar ist, ein innerer Zwang läge vor, wenn die handelnde Person auf das Essen des Stücks Torte entgegen ihrer ursprünglichen Absicht gar nicht verzichten kann. Die Willensfreiheit ist nur dann beeinträchtigt, wenn die mangelnde Ausführungskontrolle durch innere Zwänge verursacht ist.

Fazit

In diesem Kapitel wurde gefragt, wann eine Handlung als selbstbestimmt und damit als frei bezeichnet werden kann. Dies ist dann der Fall, wenn die Handlung absichtlich ausgeführt wird, wenn alternative Wahlmöglichkeiten bestehen, wenn die getroffene Wahl der handelnden Person selbst zuzurechnen ist und wenn die Ausführung der Handlung der Kontrolle der ausführenden Person unterliegt.

Willensfreiheit und Determinismus 3

3.1 Was versteht man unter Determinismus?

Infrage gestellt wird die Annahme des freien Willens durch die Auffassung, dass das Handeln des Menschen von vornherein festgelegt, d. h. determiniert ist. Diese Auffassung wird als „Determinismus" bezeichnet.

In seiner klassischen Form geht der Determinismus auf den französischen Mathematiker Laplace (1749–1827) zurück. Nach Laplace ist der gesamte Weltlauf in Vergangenheit, Gegenwart und Zukunft durch die Anfangsbedingungen und die Naturgesetze eindeutig festgelegt.

Die beschränkte Intelligenz des Menschen könne dieses Wirkungsgefüge nicht erkennen, aber vorstellbar wäre ein die menschliche Intelligenz überschreitender „Weltgeist" – bekannt geworden als Laplacescher „Dämon". Diesem lägen alle einzelnen Ereignisse in Vergangenheit und Gegenwart offen vor Augen (vgl. Placek, 2019).

Obwohl heute kaum jemand mehr an den Laplaceschen Dämon glaubt, hat die Vorstellung eines die Gesetze von Ursache und Wirkung erkennenden Geistes Eingang in die heutige Diskussion der Willensfreiheit gefunden. Allerdings wird jetzt der Geltungsbereich des Determinismus eingeschränkt: betrachtet wird nicht der gesamte Weltlauf, sondern lediglich die tatsächliche Abfolge von Ereignissen in Vergangenheit und Gegenwart. Für sie gelte uneingeschränkt das *Kausalprinzip* (vgl. Keil, 2017, S. 45). Der so verstandene Determinismus beinhaltet die Auffassung, dass jedes Ereignis mit Notwendigkeit durch vorhergehende Ereignisse und die geltenden Naturgesetze hervorgebracht wird (vgl. Gazzaniga, 2011, S. 111). Ursprünglich rein physikalisch definiert, gibt es nun verschiedene bereichsspezifische Spielarten wie etwa genetischen Determinismus, psychologischen Determinismus, Kulturdeterminismus oder Geschichtsdeterminismus.

© Der/die Autor(en), exklusiv lizenziert durch Springer-Verlag GmbH, DE, ein Teil von Springer Nature 2022
H. Helfrich, *Ist unser Wille frei?*, essentials,
https://doi.org/10.1007/978-3-662-64976-3_3

Prominentestes Beispiel ist der „neuronale Determinismus" (Roth, 2004), gemäß dem die Gehirnaktivität notwendig und hinreichend jedwede Handlung bestimmt (vgl. Markowitsch, 2004, S. 167).

3.2 Inkompatibilismus und Kompatibilismus

Der Determinismus stellt eine Herausforderung für den freien Willen dar. Die Herausforderung besteht aus einer Doppelfrage. Zum einen wird gefragt, ob der Determinismus wahr ist, d. h. ob tatsächlich sämtliche in der Welt auftretenden Ereignisse und damit auch menschliche Entscheidungen eindeutig festgelegt sind. Zum anderen wird die Frage nach dem Zusammenhang zwischen Determinismus und Willensfreiheit gestellt, d. h. die Frage, ob Determinismus und Willensfreiheit miteinander vereinbar (kompatibel) oder unvereinbar (inkompatibel) sind.

Zwei generelle Positionen lassen sich identifizieren: *Inkompatibilismus* und *Kompatibilismus*. Gemäß dem Inkompatibilismus schließen sich Determinismus und Willensfreiheit gegenseitig aus. Hierbei gibt es zwei entgegengesetzte Richtungen, den *harten Determinismus* und den *Libertarismus*. Sie unterscheiden sich darin, ob sie den Determinismus für wahr oder für falsch halten.

Im Unterschied zum Inkompatibilismus betrachtet der Kompatibilimus den Determinismus als durchaus vereinbar mit der Möglichkeit des freien Willens. Auch hier gibt es unterschiedliche Positionen, den *weichen Determinismus* und den *harten Kompatibilismus*[1]. Sie unterscheiden sich hinsichtlich ihrer Definition von Determiniertheit.

Im Folgenden werden die einzelnen Positionen beschrieben, Abb. 3.1 stellt sie schematisch dar.

3.3 Harter Determinismus

Eine entschieden inkompatibilistische Position vertritt der „harte Determinismus". Nach ihm ist alles Denken, Fühlen und Handeln durch neuronale Abläufe und Zustände vollkommen vorherbestimmt. Wie Singer (2004, S. 37) ausführt, beruht „alles Verhalten auf Hirnfunktionen" und ist „somit den deterministischen Gesetzen physikalisch-chemischer Prozesse unterworfen". Und: „Verschaltungen legen

---

[1] Während die Bezeichnungen „harter Determinismus", „Libertarismus" und „weicher Determinismus" der einschlägigen Literatur entnommen sind, wird die Bezeichnung „harter Kompatibilismus" von der Autorin eingeführt.

Determinismus und Willensfreiheit

Inkompatibilismus		Kompatibilismus	

Keine Willensfreiheit	Willensfreiheit	Willensfreiheit	Willensfreiheit
„Harter Determinismus"	**„Libertarismus"**	**„Weicher Determinismus"**	**„Harter Kompatibilismus"**
Vollständige Determiniertheit aller Handlungen (z. B. Markowitsch 2004)	Keine Determiniertheit; Fähigkeit des Individuums zum Eingriff in den Weltverlauf (z. B. Keil 2017)	Eingeschränkte Determiniertheit (z. B. Fischer und Ravizza 1998) bzw. Lücken in der Determiniertheit durch Quantenprozesse (z. B. Falkenburg 2012) oder Chaos (z. B. Bishop 2002)	Determiniertheit durch Selbst-Steuerung des Individuums (z. B. Bieri 2011)

Abb. 3.1 Verschiedene Positionen zum Zusammenhang von Determinismus und Willensfreiheit

uns fest. Wir sollten aufhören, von Freiheit zu sprechen" (Singer, 2004, S. 30 und 63). Die spezifischen Verschaltungen haben sich nach dieser Auffassung als Folge der stammesgeschichtlichen Evolution sowie der individuellen Lebensgeschichte herausgebildet und lassen keine Möglichkeit für Entscheidungs- und Handlungsalternativen offen (vgl. Singer, 2008, S. 198). Der Mensch sei daher für seine Handlungen nicht verantwortlich.

3.4 Libertarismus

Eine ebenfalls inkompatibilistische Auffassung vertritt der Libertarismus. Er bestreitet aber die Geltung des Determinismus. Nach libertarischer Auffassung ist die Welt zwar durch die Naturgesetze geprägt, aber diese schließen nicht die Fähigkeit des Menschen zum steuernden Eingreifen in das Weltgeschehen aus: die handelnde Person „kann die Welt von einem gegebenen Punkt an auf verschiedene Weisen *weiterverlaufen* lassen" (Keil, 2007, S. 945). Ein einfaches Beispiel wäre das Klingeln des Telefons. Man kann den Telefonhörer abnehmen oder das Klingeln ignorieren. Dem Menschen stehen also alternative Handlungsmöglichkeiten offen.

In einer strengeren Form des Libertarismus (Chisholm, 1964) ist das Anders-Handeln-Können in einer gegebenen Situation noch nicht hinreichend für die Existenz des freien Willens, es muss darüber hinaus noch Fälle geben, in denen die Handlung direkt von der handelnden Person verursacht wird, indem diese eine neue Kausalkette in Gang setzt. Diese sog. Akteurskausalität bedeutet, dass die handelnde Person eine Handlung unabhängig von den vorangehenden Ereignissen und unabhängig von Gründen hervorbringen kann. Die handelnde Person ist im Sinne von Aristoteles (384–322 v. Chr.) ein „unbewegter Beweger" (Chisholm, 1964, S. 32; vgl. Keil, 2017, S. 125 f.).

3.5   Weicher Determinismus

Der „weiche Determinismus" vertritt eine kompatibilistische Position. Demnach sind Determinismus und Freiheit miteinander vereinbar, der Determinismus bedrohe also nicht die Freiheit. Tatsächlich wird die Annahme der Willensfreiheit dadurch gerettet, dass der Geltungsbereich des Determinismus eingeschränkt wird. Dies geschieht auf unterschiedliche Weise.

In Anlehnung an den klassischen Kompatibilismus (Locke, 1690) sind zwar die Wünsche des Menschen determiniert, aber der Mensch hat die Freiheit, inne zu halten und die Wünsche entweder zu suspendieren (Locke, 1690, § 47) oder sich mit ihnen zu identifizieren (Fischer & Ravizza, 1998, vgl. Beckermann, 2005, S. 118).

Eine andere Einschränkung macht geltend, dass selbst in der Physik der Determinismus nicht uneingeschränkt auffindbar sei. Als Belege werden die Quantenmechanik (Falkenburg, 2012, S. 281) und die Chaos-Theorie (Bishop, 2002; Küppers, 1996) herangezogen.

Nach der orthodoxen Interpretation der *Quantenmechanik* (vgl. Bohr, 1983) liegt im Mikrokosmos eine Indeterminiertheit vor, da Zustandsänderungen von Ereignissen nicht exakt vorhersehbar sind, sondern sich nur probabilistisch beschreiben lassen. Spezifische Ereignisse sind also nicht mit Sicherheit, sondern nur mit einer bestimmten Wahrscheinlichkeit (probabilistisch) vorhersagbar.

Gemäß der *Chaos-Theorie* können im Mikrokosmos kleinste Veränderungen des Ausgangszustands zu gänzlich unterschiedlichen und nicht vorhersagbaren Endzuständen führen, bekannt als „Schmetterlingseffekt" (Lorenz, 1963). Ähnliche Prozesse der Unterbestimmtheit oder gar Unbestimmtheit könnten auch im Gehirn auftreten. Somit bestünden ‚Lücken' der Determiniertheit in einer ansonsten determinierten Welt. Diese Lücken sollen Freiheitsspielräume öffnen, die sich der Wille gezielt zunutze machen könne (vgl. z. B. Kane, 1996, S. 128 ff.).

3.6 Harter Kompatibilismus[2]

Vertreter eines „harten Kompatibilismus" sehen keinen Widerspruch zwischen Determinismus und Willensfreiheit. Sie akzeptieren den Determinismus, definieren diesen aber auf gänzlich andere Weise als die harten Deterministen. Der Wille ist nach dieser Auffassung determiniert, aber nicht durch neuronale Prozesse, sondern durch das „Denken und Urteilen" der handelnden Person (Bieri, 2011, S. 80). Damit wird die Determiniertheit nicht als Hindernis, sondern als notwendige Bedingung für den freien Willen betrachtet (vgl. Goschke, 2004, S. 188). Sie begründet die Selbststeuerung eines autonomen Subjekts durch dessen eigene Überzeugungen.

Fazit
In diesem Kapitel wurde gefragt, ob Determinismus mit Willensfreiheit vereinbar (kompatibel) ist oder nicht (inkompatibel). Der Inkompatibilismus, der den Determinismus als unvereinbar mit der Willensfreiheit betrachtet, weist zwei einander entgegengesetzte Richtungen auf. Gemäß dem *harten Determinismus* lässt die Determiniertheit allen Geschehens keinerlei Freiheit für menschliches Handeln zu. Demgegenüber bestreitet der *Libertarismus* den Determinismus und billigt dem Menschen Freiheit zu.

Der Kompatibilismus, der den Determinismus als vereinbar mit der Freiheit betrachtet, tritt entweder als *weicher Determinismus* oder als *harter Kompatibilismus* auf. Der weiche Determinismus sieht Lücken in der Determiniertheit von Ereignissen, der harte Kompatibilismus deutet die Determiniertheit als Selbststeuerung durch die handelnde Person.

---

[2] Siehe Fußnote 1.

Unzulänglichkeiten von Inkompatibilismus und Kompatibilismus

4.1 Probleme des harten Determinismus

Inkompatibilisten, die den *harten Determinismus* vertreten, berufen sich auf neurowissenschaftliche Forschungen, die den Geist auf neuronale Abläufe reduzieren, und leiten daraus ab, dass deren Auswirkungen auf das Handeln niemals dem freien Willen unterliegen (Markowitsch, 2004, S. 167; Roth, 2004, S. 64). Entsprechend könnten auch Straftäter nicht für ihr Tun zur Verantwortung gezogen werden. Gleichzeitig wird aber die Forderung erhoben, Maßnahmen zu treffen, die der Besserung der Täter und dem Schutz der Gesellschaft dienen (vgl. Eagleman, 2012, S. 213; Roth, 2021, S. 237; Singer, 2003, S. 34, 2004, S. 64, 2008, S. 226).

Hier zeigt sich ein Widerspruch. Während dem Straftäter der freie Wille abgesprochen wird, wird er den Personen oder Institutionen, die Besserungs- oder Schutzmaßnahmen treffen, offenbar zugestanden. Denn die Verwirklichung der vorgeschlagenen Maßnahmen – die man als „paternalistisch" bzw. „bevormundend" bezeichnen könnte, erfordert Entscheidungen aufseiten der für die Maßnahmen Verantwortlichen. Diese Entscheidungen verlangen selbstbestimmtes Handeln (Abschn. 2.1) und sind schwerlich allein durch neuronale Mechanismen zu begründen. Mit einem harten Determinismus sind sie also nicht vereinbar.

4.2 Probleme des Libertarismus

Inkompatibilisten, die den *Libertarismus* vertreten, bestreiten den Determinismus und verfechten die Möglichkeit des freien Willens und damit auch moralische

H. Helfrich, *Ist unser Wille frei?*, essentials, https://doi.org/10.1007/978-3-662-64976-3_4

Verantwortlichkeit (vgl. Van Inwagen, 2008, S. 328). Begründet wird die Möglichkeit des freien Willens durch die Fähigkeit des Handelnden zum So- oder Anderskönnen und damit zum steuernden Eingreifen in das Weltgeschehen (Keil, 2007, S. 945).

Für den Libertarismus ergeben sich mehrere Probleme. Das erste Problem besteht darin, dass aus dem Nicht-Zutreffen des Determinismus noch nicht gefolgert werden kann, dass der Mensch frei in seinem Handeln ist. Leitet man aus dem Nicht-Zutreffen des Determinismus einen *Indeterminismus* ab, so bleibt offen, wieso ein Indeterminismus Freiheit begründen kann. Ebenso gut ließe sich aus dem Indeterminismus ableiten, dass alle Entscheidungen nur durch Zufall zustande kommen und somit gerade nicht der Autonomie der handelnden Person zugerechnet werden können.

Unterstellt man der handelnden Person die Fähigkeit zum steuernden Eingreifen in das Weltgeschehen, ergibt sich ein zweites Problem. Erklärungsbedürftig bleibt nämlich, wie man sich das Zusammenspiel zwischen dem steuernden Eingreifen des Handelnden und den Naturgesetzen vorzustellen hat.

Besonders problematisch erscheint die Annahme einer Akteurskausalität, die in einer extremen Form des Libertarismus (Chisholm, 1964) vertreten wird. Selbst wenn man manchmal in der Lage ist, sich von unmittelbar vorangegangenen Ereignissen zu lösen, ist kaum anzunehmen, dass die Entscheidung aus dem Nichts entsteht. Vielmehr ist zu vermuten, dass die Gesamterfahrung der Person – beispielsweise durch Erziehung – die Entscheidung maßgeblich mitbestimmt.

4.3 Probleme des weichen Determinismus

Weiche Deterministen, die zwar die Wünsche des Menschen als determiniert betrachten, nicht aber die Umsetzung in Handlungen, lassen unerklärt, wie sich diese willentliche Umsetzung mit einem universalen Determinismus verträgt (vgl. Keil, 2017, S. 96).

Weiche Deterministen, die sich auf die Quantenphysik oder auf die Chaos-Theorie stützen, sehen „Lücken" der Unbestimmtheit in einer determinierten Welt. Diese Lücken sollen Raum für den „Zufall" lassen und auf diese Weise Freiheitsspielräume eröffnen. Die so verstandene Willensfreiheit beruht allerdings auf dem Missverständnis, dass die Freiheit des Willens nichts weiter sei als die Abwesenheit von kausaler Determination (vgl. Prinz, 2021, S. 283). Daher bleibt – ebenso wie bei der Annahme eines generellen Indeterminismus – die

Frage offen, warum die Zufallslücken systematisch mit freien Entscheidungen gefüllt sein sollten.

4.4 Probleme des harten Kompatibilismus

Die *„harten Kompatibilisten"*, die die Willensfreiheit mit der Selbststeuerung begründen, betrachten den Determinismus nicht als Hindernis, sondern als notwendige Voraussetzung für die Möglichkeit des freien Willens. „Determiniertheit" erfährt hier eine Neudefinition, indem sie nicht als naturgesetzliche Determiniertheit, sondern als Determiniertheit durch die eigene Persönlichkeit verstanden wird: der Wille ist determiniert, aber auf ganz bestimmte Weise, nämlich durch das Denken und Urteilen des Subjekts (Bieri, 2011, *S. 80*). Nach dieser Sicht ist menschliches Handeln nicht durch *Ursachen* bestimmt, die sich mit naturwissenschaftlichen Methoden erforschen lassen, sondern durch *Gründe,* die von den Betroffenen selbst expliziert werden können (vgl. Helfrich, 2019, S. 17). Das „wohlabgewogene Gewicht" der Gründe (Bieri, 2011, S. 83) determiniert die Willensentscheidung des Individuums.

Das Argument der „Gründe" wirft das Problem auf, dass die aus der Perspektive des Handelnden vorgelegten Gründe starken Fehleinschätzungen unterworfen sein können (vgl. Stederoth, 2015, S. 250) und daher eher nachträglichen Rechtfertigungen als wirklichen Begründungen gleichen (vgl. Nisbett & Wilson, 1977; Roth, 2021, S. 326). In der Rückschau betrachtet ein Individuum eine Handlung unter Kenntnis des Handlungsergebnisses, vernachlässigt aber den Prozess der Handlungsentstehung. Das daraus resultierende Urteil unterliegt dem sog. Rückschaufehler oder „hindsight bias" (vgl. Klein, 2017). Eine nur aus Gründen abgeleitete Willensfreiheit kann daher zu Recht als „Illusion" gebrandmarkt werden (vgl. Bignetti, 2014; Wegner, 2002).

Fazit
In diesem Kapitel wurde ausgeführt, dass sowohl Inkompatibilismus als auch Kompatbilismus Erklärungslücken aufweisen. Der *harte Determinismus* kann nicht erklären, warum trotz Determiniertheit allen Geschehens die Gesellschaft in der Lage sein kann, Maßnahmen zur Besserung von Straftätern zu ergreifen. Beim *Libertarismus* bleibt erklärungsbedürftig, wie die Autonomie der handelnden Person begründet wird und wie man sich das Zusammenspiel von Autonomie und Naturgesetzen vorzustellen hat. Beim *weichen Determinismus* bleibt die Frage offen, warum

die Lücken der kausalen Determiniertheit systematisch mit freien Entscheidungen gefüllt sein sollten. Beim *harten Kompatibilismus,* nach dem Willenshandlungen durch Gründe bestimmt sind, die von der handelnden Person selbst expliziert werden können, ist zu fragen, ob es sich bei diesen Gründen nicht eher um nachträgliche Rechtfertigungen als um vorausgehende Begründungen handelt.

Determinismus und Naturgesetze 5

5.1 Naturgesetze als Regeln

Der Begriff des Determinismus beinhaltet die Auffassung, dass alle Ereignisse, also auch alle menschliche Handlungen, durch Vorbedingungen unter Geltung der Naturgesetze kausal eindeutig festgelegt sind (vgl. Gazzaniga, 2011, S. 111).

Aus neurowissenschaftlicher Perspektive wird geltend gemacht, dass der Mensch nicht wider die Naturgesetze handeln kann. Das ist sicherlich richtig, und dennoch scheint hier ein Missverständnis hinsichtlich des Begriffs „Naturgesetzlichkeit" vorzuliegen. Naturgesetze machen keine Aussagen über konkrete Ereignisfolgen, sondern sie geben die *Regeln* vor, nach denen Ereignisse ablaufen müssen. Dies sei am Beispiel der Sprache verdeutlicht. Um mittels einer Sprache zu kommunizieren, müssen bestimmte Regeln eingehalten werden. Trotz dieser „Regelgebundenheit" lässt jedoch die Sprache ihren Benutzern einen großen Freiheitsspielraum. Zum einen können unter Beachtung der Regeln unendlich viele verschiedene Äußerungen gebildet werden (Chomsky, 1981, 1998). Zum anderen kann ein bestimmter Sachverhalt unter Anwendung unterschiedlicher Regeln ausgedrückt werden (Beispiel: „Der Hund beißt den Mann" und „Der Mann wird vom Hund gebissen").

5.2 Naturgesetzliche Restriktionen

Auch wenn es sich bei der Sprache um normative Regeln handelt, lässt sich die Überlegung der Regelgebundenheit auf naturgesetzliche Regeln übertragen. Diese geben Restriktionen vor, aber sie erlauben unterschiedliche Realisationen von Handlungen, d. h. ein und dieselbe Handlung ist auf unterschiedliche

Weise realisierbar (vgl. Putnam, 1967). Um an einen bestimmten Ort zu gelangen, kann man zu Fuß hingehen, hinlaufen oder auch mit dem Fahrrad hinfahren. Ein anderes Beispiel: Um fliegen zu können, müssen die Prinzipien der Aerodynamik eingehalten werden. Dies tun sowohl Vögel als auch Flugzeuge: beide folgen den Naturgesetzen, doch jeweils auf unterschiedliche Weise. Als Konsequenz ergibt sich, dass die Naturgesetze zwar bestimmte Möglichkeiten des Handelns ausschließen, dass aber innerhalb der Naturgesetze genügend Spielräume des Handelns offen bleiben (vgl. auch Keil, 2017, S. 103). Mit anderen Worten: die handelnde Person kann sich die physikalischen Gesetzmäßigkeiten zunutze machen, um ihre Ziele zu erreichen.

Fazit
Naturgesetze geben Restriktionen des Handelns in Form von Regeln vor. Damit werden zwar manche Möglichkeiten des Handelns ausgeschlossen, aber die verbleibenden Möglichkeiten lassen genügend Spielräume offen. Dieselbe Handlungsabsicht kann unter Beachtung der naturgesetzlichen Regeln auf unterschiedliche Weise realisiert werden.

Determinismus und Kausalität 6

6.1 Komplementarität von „Ursache" und „Wirkung"

Meist wird der Determinismus mit dem Kausalitätsprinzip in Verbindung gebracht. Danach entwickelt sich jedes Ereignis in Form einer Kausalkette. Für jedes Ereignis muss es notwendige und hinreichende Bedingungen geben, die als „Ursachen" das Ereignis als „Wirkung" hervorbringen. „Alles, was geschieht, [muss] eine Ursache haben" (Roth, 2003, S. 504). Auch wenn diese Aussage richtig ist, bedarf der Zusammenhang zwischen vorausgehenden Bedingungen als „Ursachen" und den nachfolgenden Ereignissen als „Wirkungen" einer Klärung.

Damit eine Bedingung als Ursache ihre Wirkung entfalten kann, müssen aufseiten der beeinflussten Größe bestimmte Voraussetzungen erfüllt sein. Beispielsweise kann ein optischer Umweltreiz nur dann eine visuelle Wahrnehmung hervorrufen, wenn man die Augen offen hat. Und umgekehrt kann ein und dieselbe Wirkung durch unterschiedliche Ursachen hervorgerufen werden. So kann die Nässe auf einer Straße sowohl durch Regen als auch durch verschüttetes Wasser hervorgerufen worden sein. Ursache und Wirkung stehen also in einer Wechselbeziehung. Rückwirkend betrachtet, lässt sich ein beobachtetes Ereignis zwar als Kausalkette darstellen, bezogen auf den Entstehungsprozess gab es jedoch verschiedene Möglichkeiten, wie es zu der spezifischen Kausalkette kam. Mit anderen Worten: Was sich bei der retrospektiven Betrachtung als „Ursache" darstellt, repräsentiert zwar eine hinreichende, nicht aber eine notwendige Bedingung für die hervorgebrachte Wirkung. Und umgekehrt hätte die als „Ursache" identifizierte Bedingung auch andere Wirkungen nach sich ziehen können. Daraus ergibt sich, dass Ursache und Wirkung als komplementäre Größen betrachtet werden müssen.

H. Helfrich, *Ist unser Wille frei?*, essentials, https://doi.org/10.1007/978-3-662-64976-3_6

Notwendige vs. hinreichende Bedingung

- **Notwendige Bedingung:** Ein Sachverhalt ist dann eine notwendige Bedingung für das Eintreten einer Wirkung, wenn er zwingend vorliegen muss, um die Wirkung hervorzubringen. Damit ist die notwendige Bedingung die Voraussetzung für das Eintreten der Wirkung, da ohne sie die Wirkung nicht eintritt. Die Wirkung tritt jedoch nicht zwangsläufig ein. Sie tritt nur dann ein, wenn die Voraussetzungen hinreichend sind.

  Beispiel: Wenn ich eine kalte Kola trinken will, brauche ich zunächst die Kola. Die Kola ist die notwendige, aber noch nicht die hinreichende Bedingung für die kalte Kola. Die Kola muss zusätzlich noch kühl sein, damit ich eine kalte Kola trinken kann.

- **Hinreichende Bedingung:** Ein Sachverhalt ist dann eine hinreichende Bedingung für das Eintreten der Wirkung, wenn durch sein Vorliegen die Wirkung tatsächlich hervorgebracht wird. Sein Vorliegen ist jedoch keine notwendige Voraussetzung für das Eintreten der Wirkung. Die Wirkung kann auch dann eintreten, wenn der Sachverhalt nicht vorliegt.

  Beispiel: Ich hole mir aus dem kalten Keller eine Kola. Die kalte Kola könnte ich mir aber auch aus dem Kühlschrank nehmen. Der kalte Keller ist damit (zusammen mit der Kola) die hinreichende Bedingung.

6.2 Kausalität als zeitlicher Prozess

Kausalität vollzieht sich als zeitliche Abfolge. Die Ursache muss der Wirkung zeitlich vorausgehen. Die zeitliche Relation kann in Abhängigkeit von Zeitpunkt und Zeitdauer unterschiedliche Formen annehmen. Erstens können Ursache und Wirkung entweder kurzfristig aufeinanderfolgen oder die Wirkung tritt erst mit erheblicher Zeitverzögerung ein. Ein Beispiel für eine kurzfristige Aufeinanderfolge wäre ein neuronaler Prozess, der einer Handlung unmittelbar vorausgeht, ein Beispiel für eine zeitverzögerte Wirkung wäre eine genetisch bedingte Krankheit (z. B. Alzheimer), die erst im höheren Lebensalter auftritt. Zweitens können die Zeitpunkte von Ursache und Wirkung entweder nah oder fern in der Vergangenheit zurückliegen. Beispiele für ersteres wären die erwähnte genetische Prädisposition für Alzheimer, ein Beispiel für letzteres wäre eine akute Notfallsituation, die sofortiges Eingreifen erfordert.

Unterschiede ergeben sich weiterhin hinsichtlich der Art der Aufeinanderfolge. Es kann sich um eine lückenlose Kausalkette wie z. B. beim Umfallen von Dominosteinen oder um eine Kausalkette mit Sprüngen wie z. B. bei einem Flugzeugunglück handeln.

Fazit

Ursache und Wirkung sind als komplementäre Größen zu betrachten. Eine potenzielle Einflussgröße kann nur dann als Ursache für ein nachfolgendes Ereignis wirken, wenn bestimmte Bedingungen aufseiten der zu beeinflussenden Größe erfüllt sind. Und umgekehrt kann dieselbe Wirkung durch unterschiedliche Ursachen hervorgerufen worden sein.

Weiterhin muss die Ursache der Wirkung zeitlich vorausgehen. Die zeitliche Abfolge kann unterschiedliche Formen aufweisen. Es kann sich um eine lückenlose Kausalkette oder um eine Kausalkette mit Sprüngen handeln. Bezogen auf eine Einzelabfolge kann die Wirkung auf eine Ursache unmittelbar oder zeitverzögert eintreten.

Das Prinzip der triarchischen Resonanz 7

7.1 Resonanz als Metapher

Im Folgenden wird der Versuch einer Neubetrachtung des Determinismus unternommen. Er basiert auf einer Modellvorstellung, die als „Prinzip der triarchischen Resonanz" (Helfrich, 1999a, S. 138) bezeichnet wird. Nach diesem Modell wird jede Handlung als das Resultat des Zusammenwirkens von drei (griechisch: *tria* bzw. $\tau\rho\iota\alpha$) voneinander unterscheidbaren Komponenten betrachtet: der *Aufgabe,* dem *Individuum* und der *Kultur.* Die „Aufgabe" repräsentiert die aktuellen Erfordernisse der jeweiligen Situation. Sie erlangt im Laufe der individuellen Entwicklung und der kulturellen Tradition ihre Relevanz und Bedeutung. Das Individuum wird durch Anregungen gelenkt, die die Gesamtheit seiner Erfahrungen umfassen. Jegliche Handlung ist das Ergebnis der Interaktion zwischen der *Aufgabe,* bzw. den situativen Anforderungen, den persönlichkeitsspezifischen Merkmalen des *Individuums* sowie den *kulturellen Mustern,* welche die Gesellschaft prägen, in der das Individuum agiert.

Die spezifische Art des Zusammenwirkens der drei Komponenten wird durch die Metapher der „Resonanz" beschrieben. Der Terminus ist der Akustik entlehnt, wo er das Zusammenspiel und die daraus folgenden Zustandsänderungen durch Schwingungen eines anregenden Systems, des „Erregers", und eines angeregten Systems, des „Resonators", beschreibt. Der Resonator weist eine natürliche Tendenz zu Schwingungen in bestimmten Frequenzbereichen auf. Diese „Eigenschwingungen" können durch den Erreger moduliert werden. Gemäß dem Modell kann jede der drei Komponenten die Eigenheiten der jeweils anderen Komponenten ‚zum Klingen' bringen – daher die Bezeichnung „triarchische Resonanz". Metaphorisch betrachtet kommt dabei besonders dem Individuum die Rolle des Resonators zu, da das Individuum mit seinen Eigenschaften bestimmte

H. Helfrich, *Ist unser Wille frei?*, essentials, https://doi.org/10.1007/978-3-662-64976-3_7

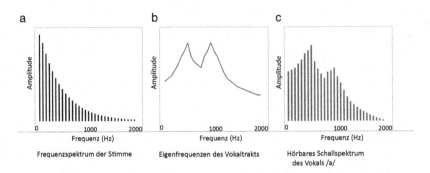

Abb. 7.1 Illustration des Resonanzprinzips am Beispiel der Sprachlauterzeugung. (Modifiziert nach Helfrich, 1985, S. 40)

aufgabenbezogene und kulturelle Eigenheiten verstärken oder auch abschwächen kann.

Aus dem Zusammenspiel von Erreger und Resonator kann ein neuer Zustand, d. h. eine höherstufige Ganzheit, entstehen, deren Eigenschaften verschieden von denen der Ausgangsbestandteile sind. Abb. 7.1 illustriert das Zusammenspiel von Erreger und Resonator am Beispiel der Sprachlauterzeugung. Das anregende System ist die im Kehlkopf erzeugte Stimme (a), der Resonator ist der aus Rachen-, Mund- und Nasenraum bestehende sog. Vokaltrakt (b). Letzterer ist ein Hohlraum mit bestimmten Eigenfrequenzen, die durch Artikulationsbewegungen verändert werden können. Das hörbare Spektrum (c) des Sprachlauts resultiert aus dem Produkt der Amplituden der Frequenzen der Stimme und den jeweiligen Eigenfrequenzen des Vokaltrakts.

Die Amplitude der angeregten Schwingungen ist umso größer, je ähnlicher die Frequenzen des Resonators den Frequenzen des anregenden Systems sind. Anders ausgedrückt verfügt der Resonator über einen bestimmten Bereich natürlicher Frequenzen („Eigenfrequenzen"), von denen einige durch externe Anregung verstärkt und andere unterdrückt werden. Somit kann in Abhängigkeit von den Eigenfrequenzen des Resonators sowie der Stärke, Dauer und Art der Anregung die resultierende Resonanz hinsichtlich des Frequenzbereiches sowie der Amplituden der einzelnen Frequenzen variieren. Verallgemeinert besagt also das Bild der Resonanz, dass bereits bestehende Tendenzen durch externe Stimulation verstärkt oder abgeschwächt werden können.

Übertragen auf den Menschen lässt sich sagen, dass jeder Mensch eine biologische Grundausstattung hat, deren Merkmale durch äußere und innere Anregungen modifizierbar sind. Die Anregungen werden hierbei durch die Gesamtheit der Erfahrungen repräsentiert, denen das Individuum ausgesetzt ist. Die Erfahrungen bilden das Handlungsfeld, innerhalb dessen das Individuum agiert.

Obwohl es im Wesentlichen das Individuum ist, das sich einem Resonator vergleichbar verhält, unterliegt das Resonanzprinzip nicht der Beschränkung eines unidirektionalen Einflusses auf das Individuum, sondern kann auf jede der drei Komponenten – Individuum, Aufgabe und Kultur – mit ihrem Einfluss auf jeweils eine der anderen Komponenten angewandt werden, wenn auch in unterschiedlichem Maße.

Die selektive Verstärkung oder Abschwächung vollzieht sich als zeitlicher Prozess mit drei Implikationen. Erstens schwächt sich die Wirkung eines einzelnen Ereignisses im Laufe der Zeit ab, wenn das Ereignis nicht wiederholt wird. Nachfolgende Ereignisse überlagern dann die früheren. Zweitens wirkt sich ein nach wiederholter Anregung erreichter Zustand durch innere Rückkopplungsprozesse im Sinne einer selektiven Erregung bzw. Hemmung auf andere Regionen aus und führt durch integrative Verknüpfungen zu neuen Aktivitätsmustern (Edelman, 2003; Edelman & Tononi, 2002; Jantzen, 2003), die ihrerseits mit den aktuellen Umweltanregungen in Resonanz treten. Drittens hängen Stärke (d. h. die Amplitude) und Qualität (d. h. der Bereich) des Einflusses von dessen zeitlicher Verortung innerhalb der Entwicklung des Resonators ab. Angewendet auf das menschliche Individuum bedeutet dies, dass Stärke und Qualität des Einflusses situativer Anforderungen und kultureller Erfahrungen von der jeweiligen Entwicklungsphase des Individuums abhängen.

Entsprechend den drei Komponenten muss die zeitliche Entwicklung unter drei Aspekten betrachtet werden: erstens unter dem aktualgenetischen Aspekt der Aufgabe, zweitens unter dem ontogenetischen Aspekt der Entwicklung des Individuums und drittens unter dem kulturgenetischen Aspekt der Entwicklung der Tradition einer Gesellschaft.

Zeitliche Entwicklung unter drei Aspekten

- **Aktualgenese**   Entwicklung einer konkreten Situation von der Anforderung („Aufgabe") bis zur Bewältigung
- **Ontogenese**   Entwicklung des Individuums durch Reifung und Erfahrung im Laufe des Lebens
- **Kulturgenese**   Entwicklung der Tradition einer Gesellschaft

Tab. 7.1 Bewusstseinsebenen von Handlungen

Ebene	Mögliche Auslöser	Psychische Prozesse bzw. Verhaltensweisen
Gewohnheitsebene	Somatische Marker, gefühlsmäßige Situationseinschätzungen	Automatisierte Handlungen
Strategieebene	Wiedererkennen von Wenn-Dann-Verknüpfungen	Anwendung erinnerter Lösungsmuster
Erkenntnisebene	Neuartige Situationen	Bewusste Auseinandersetzung mit den Erfordernissen der Situation

7.2   Aktualgenese

Die Aktualgenese bezieht sich auf den Prozess des Aufkommens einer Aufgabe bis zu deren Bewältigung. Die „Aufgabe" ist als situative Anforderung im Sinne einer Problemlösesituation zu verstehen, die vom Individuum aufgegriffen werden kann. Ob und inwieweit die Aufgabe vom Individuum aufgegriffen wird, hängt von der aktuellen Motivation und Kompetenz des Individuums ab. Die Motivation ergibt sich aus dem Zusammenspiel von gegenwärtig vorherrschenden Motiven und dem „Aufforderungscharakter" (Lewin, 1926, S. 316) der Situation. Ob dies in eine Handlung mündet, hängt sowohl von der Stärke der Motivation als auch von der Kompetenz zur Ausführung der Handlung ab. In die aktuelle Motivation und Kompetenz fließt die gesamte Erfahrung des Individuums ein. Bereits das Erkennen einer durch die Umwelt vorgegebenen Anforderungssituation als „Aufgabe" ist abhängig von der individuellen Vorerfahrung.

Die aus Motivation und Kompetenz potenziell resultierende Handlung kann auf verschiedenen Bewusstseinsebenen stattfinden (vgl. Tab. 7.1): auf der *Gewohnheits-,* auf der *Strategie-* oder auf der *Erkenntnisebene* (Rasmussen, 1986; vgl. Helfrich, 1999b)[1].

Probleme, die in der Vergangenheit schon häufiger bearbeitet wurden, rufen automatisierte Handlungen auf der Gewohnheitsebene hervor. Wahrscheinlich können sie im Gehirn als Resonanz auf die aktuelle Situation durch „somatische Marker" (Damasio, 1995, S. 237–247, 270), d. h. körperliche Empfindungen, die gefühlsmäßige Situationsbewertungen beinhalten, ausgelöst werden. Ein Beispiel

---

[1] Rasmussen (1986) bezeichnet diese Ebene als „rule-based", d. h. regelbasiert. Hier wird die Bezeichnung „Strategieebene" gewählt, um Missverständnisse mit dem in diesem Essential benutzten Terminus „Regeln" zu vermeiden.

für eine positive Situationsbewertung wäre das Aufkommen einer „Arbeitslaune" bei einer anstehenden Aufgabe (Storch, 2009, S. 177). Ein Beispiel für eine negative Situationsbewertung wäre ein flaues Gefühl im Magen vor einer Entscheidung (Kammer & Groen, 2012, S. 603). Bisher unbekannte Probleme erfordern zu ihrer Lösung eine bewusste Auseinandersetzung auf der Erkenntnisebene. Die Strategieebene nimmt eine Zwischenstellung ein. Hier werden erinnerte Lösungsmuster im Sinne von Wenn-Dann-Verknüpfungen angewendet.

Welche Ebene jeweils durch eine Aufgabe angesprochen wird, hängt sowohl von der Aufgabenstellung als auch von der individuellen und kulturellen Vorerfahrung ab. Dieselbe Aufgabe kann in Abhängigkeit von der jeweiligen Vorerfahrung auf unterschiedlichen Ebenen ausgeführt werden. So können für Aufgaben, die ursprünglich neu waren und auf der Erkenntnisebene gelöst wurden, mit zunehmender Expertise bereits automatisierte Lösungsmuster abgerufen werden. Umgekehrt können auch Reaktionen, die zunächst automatisch abgelaufen waren, durch bewusste Kontrolle in eine höhere Ebene transformiert werden. Beispielsweise könnte eine automatisch auftretende Schreckreaktion beim Anblick einer Blindschleiche durch das Wissen, dass es sich um ein harmloses Tier handelt, in die Strategieebene überführt werden.

7.3 Ontogenese

Die Ontogenese bezieht sich auf die biologische Entwicklung und die durch Lernen erworbene Vorerfahrung des Individuums. Hierbei sind Zeitpunkt, Stärke, Qualität und Quantität der Vorerfahrung wichtig. Die Stärke (d. h. die Amplitude) und die Qualität (d. h. der Bereich) der Resonanz hängen von der biologischen Entwicklungsphase des Individuums ab. In Abhängigkeit vom Lebensalter und dem damit verbundenen Reifeprozess treten an das Individuum unterschiedliche Herausforderungen, d. h. Aufgaben, heran, die es zu bewältigen gilt. Manche dieser Herausforderungen treten universell auf, sie werden als „Entwicklungsaufgaben" (Havighurst, 1982) bezeichnet. Beispielsweise muss ein Kleinkind die Muttersprache erwerben und ein Schulkind muss die Fähigkeit zum Lesen und Schreiben entwickeln. Das Kind wird hierbei durch äußere und innere Anregungen gelenkt und filtert diese Anregungen ähnlich einem Resonator.

Je nach Entwicklungsstand und jeweiliger Vorerfahrung kann der Erwerb von Fähigkeiten in unterschiedliche Bewusstseinsebenen fallen. Dies lässt sich am Beispiel des Zweitspracherwerbs verdeutlichen: findet er in der Kindheit statt, vollzieht er sich als automatischer Lernprozess auf der Gewohnheitsebene, während er beim Erwachsenen in die Erkenntnisebene fällt. Umgekehrt können Problemlösungen, die im Jugend- oder Erwachsenenalter zunächst auf der Erkenntnisebene ausgeführt wurden, durch wiederholte Ausführung in die Strategieebene und schließlich in die Gewohnheitsebene überführt werden. Ein Beispiel wäre das Autofahren, das sich zunächst auf der Erkenntnisebene abspielt, mit zunehmender Erfahrung aber schließlich auf der Gewohnheitsebene automatisch abläuft, sodass man sich gleichzeitig noch mit den Mitfahrenden unterhalten kann.

Die Gesamtheit der Vorerfahrungen bildet also eine Voraussetzung für den Erwerb nachfolgender Kompetenz und Motivation. Je nach Ausmaß und Zeitpunkt der Auseinandersetzung können sich diese Erfahrungen später entweder in bewussten aktuellen Handlungen oder in nicht-bewussten Gewohnheiten äußern.

7.4   Kulturgenese

Die Kulturgenese bezieht sich auf die Entwicklung der Tradition einer Gesellschaft. Entgegen dem Alltagsverständnis darf „Kultur" nicht mit einer höheren Lebensart gleichgesetzt werden, sondern muss im anthropologischen Sinn verstanden werden. Demnach bildet „Kultur" keinen Gegensatz zur „Natur", sondern gehört als Konsequenz einer stammesgeschichtlichen Tradition zur „natürlichen" Ausstattung des Menschen. Entsprechend verfügt jede Gesellschaft über eine Kultur.

Variieren können jedoch die unterschiedlichen Ausprägungsformen der Kultur. So ist ein *universeller,* allen Gesellschaften gemeinsamer Aspekt, von einem *spezifischen,* für eine bestimmte Gesellschaft typischen Aspekt zu unterscheiden. Die in diesem Sinne verstandene „Kultur" bezieht sich auf die Gesamtheit der innerhalb einer sozialen Gemeinschaft geteilten Lebenswelt und umfasst sowohl die äußeren Umgebungsbedingungen als auch die Muster des Denkens, Empfindens und Handelns (vgl. Helfrich, 2019, S. 5).

Das Individuum trifft die durch die Kultur geschaffene Lebenswelt in Gestalt von Institutionen und Personen wie etwa Schule, Eltern, Lehrer und Gleichaltrige an, zugleich wird es selbst Teil dieser Lebenswelt und kann diese aktiv mitgestalten. „Kultur" muss also sowohl als „Produkt" als auch als „Prozess" betrachtet werden. Sie begegnet dem Individuum als bereits vorgefundene Entität, bildet aber gleichzeitig auch einen Prozess ab, der selbst der Entwicklung unterworfen ist. In diesem Prozess werden kulturelle Traditionen sowohl durch externe Situationsanforderungen, d. h. Aufgaben, als auch durch die Handlungen der Individuen modifiziert.

Die kulturelle Genese steht somit sowohl mit der Ontogenese des Individuums als auch mit der Aktualgenese der Aufgabe in Wechselwirkung. Dadurch, dass bestimmte Leistungen innerhalb einer Kultur hoch bewertet werden, andere dagegen eher eine geringe Achtung erfahren (vgl. Newson & Richerson, 2018), wird das Interesse des Individuums kulturspezifisch geprägt. Eltern, Lehrer und Gleichaltrige spielen hierbei eine wichtige Rolle, indem sie bestimmte Leistungen und Handlungsweisen besonders – positiv oder negativ – beachten und andere ignorieren. Die vom kulturellen Umfeld bereit gestellten Handlungsmöglichkeiten bilden einen „Aufforderungscharakter" (Lewin, 1926, S. 316), der im Prozess der Resonanz vom Individuum in unterschiedlichem Ausmaß aufgegriffen wird. Das Ausmaß hängt sowohl von der Vorerfahrung als auch von der Entwicklungsphase des Individuums ab. Durch die dabei gemachten neuen Erfahrungen können die vorgefundenen kulturellen Muster verfestigt, aber auch verändert werden. Die Kultur ist also keine statische Größe mit gleichbleibendem Einfluss auf ihre Menschen, sondern ist selbst einer dynamischen Entwicklung unterworfen.

Kultur

- Kultur gehört zur natürlichen Ausstattung des Menschen.
- Alle Gesellschaften haben eine Kultur (universeller Aspekt).
- Es gibt unterschiedliche Ausprägungsformen der Kultur (spezifischer Aspekt).
- Kultur als spezifische Ausprägungsform umfasst die Gesamtheit der Lebenswelt innerhalb einer sozialen Gemeinschaft.
- Im Laufe der individuellen Entwicklung trifft der Mensch die Lebenswelt in Form von Institutionen und Personen an.
- Der Mensch wird Teil der Lebenswelt und kann sie aktiv mitgestalten.

Durch die Kulturgenese kann auch die Anforderungsstruktur einer Aufgabe eine Transformation erfahren, da sich in Abhängigkeit von der Kultur die angeregte Bewusstseinsebene ändern kann. Was für die Angehörigen der einen Kultur eine Handlung auf der Gewohnheitsebene ist, kann für die Angehörigen einer anderen Kultur eine Handlung auf der Strategie- oder der Erkenntnisebene sein. Moderne industrialisierte Gesellschaften haben beispielsweise einfache arithmetische Aufgaben wie etwa das Ziehen einer Quadratwurzel dahin gehend transformiert, dass man einen Taschenrechner benutzt, um die Lösung zu erhalten – ohne selbst den Lösungsprozess nachvollziehen zu müssen.

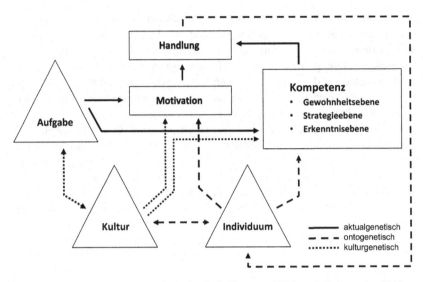

Abb. 7.2 Zusammenwirken von Aufgabe, Individuum und Kultur nach dem triarchischen Resonanzprinzip

Abb. 7.2 fasst die wechselseitigen Beziehungen zwischen Aufgabe, Individuum und Kultur zusammen. Die Pfeile symbolisieren den wechselseitigen Einfluss. Ausgehend von der situativen Anforderungsstruktur der Aufgabe kann eine spezifische Handlung beim Individuum beobachtet werden. Der aktualgenetische Prozess, der zu dieser Handlung führt, ist beeinflusst (indiziert durch die durchgezogenen Pfeile) von der jeweils aktivierten Motivation und Kompetenz, die ihrerseits wiederum sowohl durch ontogenetische (indiziert durch die gestrichelten Pfeile) als auch durch kulturgenetische Prozesse (indiziert durch die gepunkteten Pfeile) affiziert sind. Die Art der Aufgabenbewältigung hat Rückwirkungen auf das Individuum und über das Individuum auch auf die Kultur (indiziert durch die gestrichelten Pfeile, die von der Handlung zum Individuum und zur Kultur führen).

7.5   Ähnlichkeit zu anderen Modellen

Das Prinzip der triarchischen Resonanz weist Ähnlichkeiten zu zwei anderen theoretischen Überlegungen auf: zu Banduras Theorie des „reziproken

Determinismus" (Bandura, 1978) und zu Vygotskys Theorie der „soziohistorischen Bildung höherer mentaler Prozesse" (Vygotsky, 1978[2]). Ähnlich wie bei Bandura wird ein reziproker Determinismus angenommen. Er wird als „Resonanz" bezeichnet. Beide Modelle betrachten einen reziproken Determinismus als die gegenseitige Interaktion von drei unterscheidbaren Komponenten. Während Bandura zwischen „Verhalten", „internen Ereignissen" und „Umwelt" unterscheidet, unterscheidet das Resonanzprinzip zwischen „Aufgabe", „Individuum" und „Kultur". „Aufgabe" und „Kultur" bilden zusammen die Umwelt, es wird jedoch differenziert zwischen aktueller Umwelt („Aufgabe") und langfristiger Umwelt („Kultur"). Sie wirken auf das Individuum auf unterschiedliche, aber wechselseitig verknüpfte Weise.

Der Hauptunterschied zu Banduras Modell liegt in der Spezifikation der zeitlichen Dynamik, die zum aktuellen Verhalten führt. Obwohl Bandura feststellt, dass die wechselseitigen Prozesse „ihre gegenseitigen Wirkungen sequentiell über variable Zeitverläufe entfalten" (Bandura, 1983, S. 168), bleibt offen, wie dies erreicht wird. Hinsichtlich dieser zeitlichen Prozesse ähnelt das Prinzip der triarchischen Resonanz Vygotskys Theorie der „soziohistorischen Bildung höherer mentaler Prozesse" (Vygotsky, 1978, 1981). Ähnlich wie bei Vygotsky werden verschiedene Entwicklungsebenen spezifiziert: die „mikrogenetische" Ebene als aktualgenetische Entwicklung einer Handlung, die „ontogenetische" Ebene als „individuelle Geschichte des Subjekts" (Vygotsky, 1978; vgl. Scribner, 1985, S. 124), und die kulturgenetische Ebene als „kulturelle Entwicklung" (Vygotsky, 1978). Während aber Vygotsky erst in den „historischen Gesetzen" als „Gesetzen des Geistes" den Schlüssel zur Entwicklung höherer Verhaltensformen sieht (Vygotsky, 1978, S. 20), weist die Metapher der Resonanz darauf hin, dass die „Gesetze der Natur" und die „Gesetze des Geistes" nicht notwendigerweise einen Gegensatz bilden.

Fazit
In diesem Kapitel wurde das Prinzip der „triarchischen Resonanz" vorgestellt. Nach diesem Prinzip entsteht jede menschliche Handlung aus dem Zusammenspiel von situativen Anforderungen, den Eigenschaften der handelnden Person und dem kulturellen Hintergrund. Die spezifische Art des Zusammenwirkens wird durch die Metapher der Resonanz beschrieben. *Resonanz* besagt, dass bereits bestehende Tendenzen durch äußere und innere Anregungen verstärkt oder abgeschwächt werden

---

[2] Die Schreibweise ist unterschiedlich in deutschen und englischen Studien, im Deutschen wird oft „Wygotski" oder „Wygotskij" verwendet, im Englischen „Vygotsky".

können. Die selektive Verstärkung oder Abschwächung vollzieht sich als zeitlicher Prozess, der unter drei Aspekten betrachtet wird: als Aktualgenese einer spezifischen Handlung, als Ontogenese der individuellen Lebensentwicklung der Person und als Kulturgenese der Entwicklung der Tradition der Gesellschaft.

Zwänge und Freiräume

8

8.1 Zuständige Instanzen

Gemäß dem triarchischen Resonanzprinzip sind die Handlungen des Individuums determiniert. Jedoch schließt die Determiniertheit, wie sie dort verstanden wird (Regelgebundenheit und Komplementarität), eine Willensfreiheit nicht aus. Die Regelgebundenheit schränkt zwar die Freiheit qua Regeln ein, aber die Art der Anwendung der Regeln lässt Spielräume offen. Komplementarität verweist auf den wechselseitigen Einfluss von Erreger und Resonator und betont damit die Eigenständigkeit des Resonators (vgl. Valsiner, 2019, S. 445). Aus dieser Neudefinition der Determiniertheit lässt sich allerdings selbstverständlich nicht im Umkehrschluss ableiten, dass die Freiheit notwendigerweise gegeben sein müsse. Folglich muss jetzt die Frage nach den beteiligten Akteuren gestellt werden, also die Frage nach den für menschliche Handlungen jeweils zuständigen Instanzen (vgl. Gazzaniga, 2011). Die Antwort kann weder darin bestehen, das „Gehirn" als alleiniges Agens (Markowitsch, 2004, S. 164) aufzufassen, noch darin, allein dem denkenden und urteilenden Subjekt (Bieri, 2011, S. 80) diese Funktion zuzuweisen. Zu überlegen ist, inwieweit die unterschiedlichen Akteure als potenzielle Einflussgrößen Spielräume bzw. Freiheitsgrade zulassen. Gemäß dem Resonanzprinzip existieren prinzipiell solche Spielräume, da das Zusammenspiel zwischen Erreger und Resonator als komplementäre Kausalität verstanden wird. Im Einzelnen müssen jedoch empirische Belege erbracht werden, inwieweit den potenziellen Spielräumen auch reale Spielräume entsprechen.

H. Helfrich, *Ist unser Wille frei?*, essentials,
https://doi.org/10.1007/978-3-662-64976-3_8

8.2   Gehirn und Verhalten

Vertreter des harten Determinismus (Abschn. 3.3) nehmen an, dass jedwede
Handlung durch die momentane neuronale Konstellation notwendig und hinreichend bestimmt ist (Markowitsch, 2004, S. 167). Diese sei das Ergebnis der
Prägung durch die genetische Ausstattung und die Gesamtheit der Umwelter-
fahrungen. Da diese dem Individuum weitgehend aufgezwungen wurden, wird
daraus die Folgerung abgeleitet, dass es keinen freien Willen geben kann.

Man kann sicherlich davon ausgehen, dass sich alle Erfahrungen und Handlungen des Individuums im Gehirn niederschlagen. Dank moderner hirnphysiolo-
gischer Messverfahren (vgl. Tab. 8.1), vor allem der sog. bildgebenden Verfahren,
wurden für einige psychische Strukturen und Prozesse neuronale Entsprechungen,
sog. Korrelate, gefunden.

Auch für Willenshandlungen existieren solche Korrelate im Gehirn. Zwar
scheint es kein Korrelat für eine zentrale Steuerungsinstanz zu geben (vgl. Singer, 2002), doch wurden Gehirnregionen identifiziert, deren konzertierte Aktion
vermutlich die Entstehung und Ausführung von Willenshandlungen begleitet. Beispielsweise scheint der einen Entschluss vorbereitende Wunsch mit der Tätigkeit
der Amygdala[1], die Erinnerung an vollzogene Handlungen mit der Tätigkeit des
Hippocampus[2] und die Handlungskontrolle mit der Tätigkeit des präfrontalen
Kortex verbunden zu sein, d. h. zu korrelieren (vgl. Abb. 8.1).

Zu fragen ist, welche Schlüsse man aus dem Vorliegen neuronaler Korrelate
von Willenshandlungen ziehen kann. Eine Korrelation (vgl. Abb. 8.2) weist auf
einen Zusammenhang zwischen zwei (oder mehr) Größen hin, sagt aber nichts
über Ursache und Wirkung aus. So weist das Vorliegen einer Korrelation zwischen psychischen und neuronalen Gegebenheiten auf ein gemeinsames Auftreten
hin, sagt aber noch nichts über gegenseitige Abhängigkeiten aus.

Der Gehirnzustand könnte der Primärfaktor sein und der psychische Zustand
könnte sich daraus ergeben. Umgekehrt könnte auch der psychische Zustand primär
sein und der Gehirnzustand folgte daraus. Man weiß also nicht, ob es sich bei den neuronalen Korrelaten um ursächliche Faktoren oder lediglich um Begleiterscheinungen
psychischer Funktionen handelt (vgl. auch Roth, 2021, S. 264).

Vor allem aber konnte bisher nicht der Nachweis erbracht werden, dass neuronale Prozesse menschliche Entscheidungen kausal verursachen. In Bezug auf
kurzfristige Entscheidungen werden hier oft die sog. Libet-Untersuchungen als

---

[1] Amygdala = „Mandelkern".

[2] Hypocampus = „Seepferdchen".

Tab. 8.1 Beispiele für moderne hirnphysiologische Messverfahren (Ausgangspunkt ist die Annahme, dass eine erhöhte Hirnaktivität mit erhöhter elektrischer Aktivität (EEG) oder mit erhöhter Durchblutung (bildgebende Verfahren wie PET, MRT oder fMRT) einhergeht)

Abkürzung	Bezeichnung	Messung	Ziel der Untersuchung	Vor- und Nachteile
EEG	Elektro-Enzephalo-Grafie	Aufzeichnung der elektrischen Spannung in bestimmten Gehirnregionen als Funktion der Zeit (abgeleitet mittels Elektroden auf der Kopfhaut)	Ermittlung des Beginns eines neuralen Aktivierungsprozesses (z. B. Bereitschaftspotential)	Gute zeitliche Auflösung (Millisekundenbereich, aber schwache räumliche Auflösung
PET	Positronen-Emissions-Tomografie	Messung der Radioaktivität nach Zufuhr radioaktiven Wassers oder radioaktiver Zuckermoleküle	Abbildung der Aktivität einer Gehirnregion (Durchblutung)	Gute räumliche Auflösung, aber sehr schlechte zeitliche Auflösung
MRT	Magnet-Resonanz-Tomografie	Messung der Resonanz auf sehr starke Magnetfelder im Radiofrequenzbereich	Statische Abbildung anatomischer Strukturen	Gute räumliche Auflösung, aber sehr schlechte zeitliche Auflösung
fMRT	funktionelle Magnet-Resonanz-Tomografie	Messung der magnetischen Eigenschaften des roten Blutfarbstoffs Hämoglobin in Abhängigkeit von der Aufgabenstellung (z. B. Problemlösung versus Nichtstun)	Abbildung der zeitlichen Veränderungen der Durchblutung in bestimmten Hirnregionen	Gute räumliche Auflösung, aber zeitliche Auflösung nur im Sekundenbereich möglich

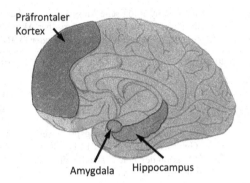

Präfrontaler
Kortex

Amygdala   Hippocampus

Abb. 8.1 An Willenshandlungen beteiligte Bereiche im menschlichen Gehirn

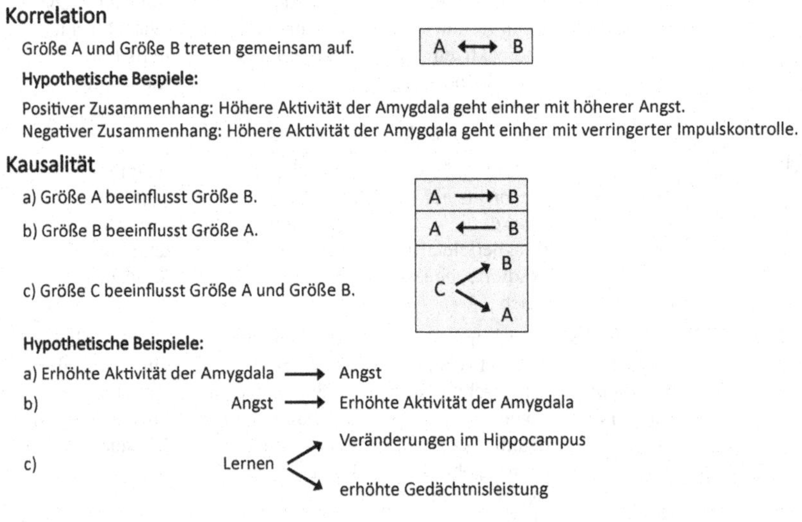

Korrelation

Größe A und Größe B treten gemeinsam auf.

Hypothetische Bespiele:

Positiver Zusammenhang: Höhere Aktivität der Amygdala geht einher mit höherer Angst.
Negativer Zusammenhang: Höhere Aktivität der Amygdala geht einher mit verringerter Impulskontrolle.

Kausalität

a) Größe A beeinflusst Größe B.   A ⟶ B

b) Größe B beeinflusst Größe A.   A ⟵ B

c) Größe C beeinflusst Größe A und Größe B.

Hypothetische Beispiele:

a) Erhöhte Aktivität der Amygdala ⟶ Angst

b)   Angst ⟶ Erhöhte Aktivität der Amygdala

c)   Lernen ⟨ Veränderungen im Hippocampus / erhöhte Gedächtnisleistung

Abb. 8.2 Korrelation vs. Kausalität

Beleg herangezogen (Libet, 1985). Sie sollten demonstrieren, dass Gehirnzustände bewussten Entscheidungen zeitlich vorausgehen und damit die Ursache
psychischer Zustände sind.

Libet-Untersuchungen

In den sog. Libet-Untersuchungen (Libet, 1985; vgl. Libet, 2005) sollte am Beispiel einer Willkürbewegung der Nachweis erbracht werden, dass der bewusste Wille nicht der Gehirnaktivität vorausgeht, sondern im Gegenteil ihr nachhinkt. Als Indikator für die Gehirnaktivität galt das sog. *Bereitschaftspotential*, als Indikator für den Willensentschluss der von der Versuchsperson berichtete *Zeitpunkt* der Entscheidung.

Am Beispiel einer Willkürbewegung sollte untersucht werden, ob der bewusste Wille der Aktion des Gehirns vorausgeht oder ihr nachfolgt (Libet, 1985; vgl. Libet, 2005, S. 167). Aufgabe der Versuchsperson war, eine Fingerbewegung zu einem von ihr selbst zu bestimmenden Zeitpunkt auszuführen. Als Indikator der Gehirnaktion diente das sog. *Bereitschaftspotential*[3] (Kornhuber & Deecke, 1965), eine physiologisch messbare Veränderung der elektrischen Hirnaktivität. Als Indikator für den bewussten Willen diente der von der Versuchsperson berichtete *Zeitpunkt* der subjektiv erlebten Entscheidung. Aus der Tatsache, dass das Bereitschaftspotential dem Zeitpunkt des bewussten Gewahrwerdens der Entscheidung um ca. 350 ms vorausging (vgl. Libet, 2005, S. 176), wurde von vielen Nachfolgern Libets (im Gegensatz zu Libet selbst, vgl. Libet, 2008) geschlossen, dass die Handlung nicht durch eine freie Willensentscheidung hervorgerufen sein könne (Roth, 2004, 2009; Tancredi, 2007; Wegner, 2002).

Nachfolgeuntersuchungen, die Alternativ-Entscheidungen (Drücken der linken oder rechten Taste) und bildgebende Verfahren zur Messung der neuralen Aktivität einbezogen (Soon et al., 2008a, b; Haynes et al., 2013), schienen die Ergebnisse der Libet-Untersuchungen noch zu untermauern: hier setzte die gemessene Hirnaktivität bereits mehr als eine Sekunde früher als der von den Versuchspersonen berichtete Zeitpunkt des Entschlusses ein.

Libet (2005, S. 177) und seine Nachfolger (Schultze-Kraft et al., 2016a, b) räumen ein, dass die vom Bereitschaftspotential initiierte Handlung vor ihrer Ausführung noch willentlich unterbunden werden könne, da das Individuum nach der unbewussten Kundgabe des Entschlusses noch ein sog. Veto einlegen könne, das die Ausführung der Handlung blockiert.

Die Aussagekraft dieser Untersuchungen muss jedoch in Zweifel gezogen werden. Unklar bleibt, für welches Konstrukt die verwendeten Maße jeweils valide, d. h. gültige, Indikatoren sein sollen. Es müsste nachgewiesen werden, dass das physiologische Maß des Bereitschaftspotentials ein valider Indikator für

---

[3] Die Schreibweise „Bereitschaftspotential" ist dem Original entnommen.

die Handlung und das subjektive Maß der zeitlichen Datierung ein valider Indikator für den Willensentschluss ist. Bisher konnte keiner dieser Nachweise erbracht
werden.

Hinsichtlich des Bereitschaftspotentials konnte gezeigt werden, dass es weder
eine notwendige noch eine hinreichende Bedingung für eine Willkürbewegung
ist. Es tritt einerseits nicht bei allen Willkürbewegungen auf (Pockett & Purdy,
2011; vgl. Walter, 2016, S. 129), und andererseits kann es auch dann auftreten, wenn die Bewegung unwillkürlich ist (Keller & Heckhausen, 1990) oder
wenn gar keine Bewegung erfolgt (Alexander et al., 2016; Schultze-Kraft et al.,
2016a). Auch ein „Veto" ist nicht an das Auftreten des Bereitschaftspotentials gebunden, da die Unterlassung der Handlungsausführung keinesfalls immer
mit einem vorausgehenden Bereitschaftspotential einhergeht (vgl. Schultze-Kraft
et al., 2016b). Das Bereitschaftspotential kann also nicht der kausale Faktor für
die Handlungsausführung sein. Am ehesten lässt es sich deuten als eine generelle, unspezifische Bereitschaft zur Ausführung einer motorischen Handlung.
Diese Bereitschaft liefert jedoch weder die notwendige noch die hinreichende
Bedingung für die Ausführung oder die Unterlassung der Handlung.

Hinsichtlich der zeitlichen Datierung hat Libet in Untersuchungen zur sen-
sumotorischen Bewusstheit selbst darauf hingewiesen, dass die Zeitangabe kein
verlässlicher Indikator der Bewusstheit sei (Libet, 2002, S. 291; Libet, 2005,
S. 164). Insbesondere zwei Argumente lassen Zweifel an der Validität der
subjektiven Zeitangabe aufkommen. Zum einen handelt es sich um eine Doppel-
aufgabe (Entscheidung selbst plus Zeitangabe der Entscheidung), deren Erfüllung
im Allgemeinen wegen der höheren Beanspruchung des Arbeitsgedächtnisses
eine längere Zeitdauer als eine Einzelaufgabe in Anspruch nimmt (vgl. Cowan,
2016; Strobach et al., 2018). Zum anderen hat die sog. Signalentdeckungstheorie
gezeigt, dass die „Wahrnehmung" der Zeit vom Bericht über die Wahrnehmung,
d. h. dem „Urteil" über die Zeitangabe, getrennt werden muss (vgl. Helfrich,
1996a; Libet, 2005, S. 151; Lukas, 2006), da das Urteil durch den Aufgabenkon-
text stark verzerrt werden kann. Beide Argumente legen nahe, dass die subjektive
Zeitangabe dem objektiven Zeitpunkt nachhinkt.

Festhalten lässt sich, dass die Libet-Untersuchungen nicht als Nachweis dafür
herangezogen werden können, dass Gehirnzustände kausal für die Entstehung
menschlicher Entscheidungen sind.

Auch die Beeinflussbarkeit von Willkürbewegungen durch Stimulation kortikaler
Hirnareale kann nicht als Beleg dafür dienen, dass neuronale Prozesse Entscheidungen kausal verursachen. Beispielsweise wurden mit Hilfe von sog. transkranialer
Magnetstimulation (TMS) Fingerbewegungen ausgelöst, die von den Versuchspersonen als „gewollt" bezeichnet wurden (Brasil-Neto et al., 1992; vgl. Walter, 2016,

S. 275). Hier ist festzuhalten, dass in diesem Fall die vom Versuchsleiter hervorgeru-
fene Stimulation – und nicht der dadurch entstandene neuronale Prozess – als kausaler
Faktor zu betrachten ist. Ähnliches gilt für die Beeinflussung durch Hypnose oder gar
„Gehirnwäsche". In all diesen Fällen wird die Willensfreiheit durch äußeren Zwang
eingeschränkt, es kann daraus also nicht gefolgert werden, dass die Gehirnprozesse
die Entscheidung kausal determinieren.

In Bezug auf überdauernde Persönlichkeitseigenschaften beruft man sich
häufig auf pathologische Ausfallserscheinungen, um kausale Abhängigkeiten
aufzuzeigen. So geht beispielsweise eine Beeinträchtigung der Tätigkeit des
präfrontalen Kortex oft mit einer verminderten Impulskontrolle einher (vgl. Kandel, 2018, S. 89; Roth, 2010, S. 354). Daraus kann man aber nicht schließen,
dass die gestörten Hirnprozesse die eigentlichen Ursachen für die gestörten psychischen Funktionen sind (Roth, 2021, S. 264). Und weiterhin bleibt offen, ob
umgekehrt die Intaktheit des präfrontalen Kortex nur die notwendige oder auch
schon die hinreichende Bedingung für die Impulskontrolle darstellt.

8.3 Anlage und Umwelt

Innerhalb der Psychologie wird die Frage nach den beteiligten Instanzen seit
Langem als Kontroverse zwischen „Anlage" und „Umwelt" bzw. „nature"
und „nurture" diskutiert (vgl. Greve & Thomsen, 2019; Riemann & Spinath,
2005). Gefragt wird hierbei nach dem Beitrag genetischer Ausstattung („Anlage") und spezifischen soziokulturellen Bedingungen („Umwelt") zur Ausprägung
psychischer Strukturen und Prozesse.

Zunächst kann festgehalten werden, dass bereits die genetische Ausstattung
des Individuums keine Unabänderlichkeit impliziert. Wie Forschungen auf dem
Gebiet der sog. *Epigenetik* (vgl. Walter & Hümpel, 2016) zeigen, kann in Abhän-
gigkeit von Umweltbedingungen und bereits erworbenen neuralen Strukturen die
Aktivität von Genen erhöht oder vermindert werden, in manchen Fällen können
Gene sogar komplett „an-" oder „abgeschaltet" werden.

Verantwortlich für die Bereitstellung entsprechender Umweltbedingungen sind
im Säuglingsalter sicherlich in erster Linie die Eltern. Sie schaffen zusammen
mit dem Kind einen „extended mind" (Clark & Chalmers, 1998), d. h. ein sozial
angereichertes Selbst. Wie Untersuchungen an Säuglingen belegen, agiert aber
das Individuum selbst in den ersten Lebensmonaten keinesfalls völlig passiv: es
kann Eltern dazu bringen, seine Wünsche zu erfüllen (vgl. Bandura, 2008, S. 92),
und es kann sogar die Intentionen anderer Personen abschätzen (vgl. Tomasello,
2020). Man kann davon ausgehen, dass die Auseinandersetzung mit der Umwelt

zunächst nur unbewusst verläuft, erst im Verlauf seiner Kindheit erwirbt das Individuum zunehmend mehr eine eigenständige Kontrollfähigkeit (vgl. Lohaus & Gluer, 2019).

Bedingt durch Reifung und Lernen nimmt im Laufe der ontogenetischen Entwicklung der Spielraum des Individuums sowohl zu als auch ab. Dies sei am Beispiel des kindlichen Lautspracherwerbs illustriert. Im Alter von etwa sechs Monaten ist ein Säugling fähig, feinste Unterschiede zwischen Sprachlauten wahrzunehmen, unabhängig davon, ob diese Sprachlaute in der eigenen Muttersprache vorkommen oder nicht. Indem das Kind in den folgenden Monaten fortwährend nur der eigenen Muttersprache ausgesetzt ist, verändert sich sein Wahrnehmungshorizont zugunsten einer Sensibilisierung für die Sprachlaute der eigenen Sprache und einer Verminderung der generellen Fähigkeit zur wahrnehmungsmäßigen Diskriminierung unterschiedlicher Sprachlaute. Im Alter von etwa 12 Monaten hat sich die Fähigkeit zur Wahrnehmung von Lautunterschieden, die auf das muttersprachliche Lautinventar ausgerichtet sind, verstärkt, während gleichzeitig das Vermögen, bedeutungsunterscheidende Lauteinheiten zu bemerken, die nicht in der eigenen Muttersprache auftreten, weitgehend verloren gegangen ist (Eimas, 1990, S. 127; Kuhl, 2005).

Auch während des Kindes- und Jugendalters verändert sich der Handlungsspielraum des Individuums. Er erweitert sich, weil das Individuum zum einen zunehmend mehr neue Erfahrungen erwirbt, und zum anderen, weil es situative Anforderungen zunehmend effektiver bewältigen kann. Letzteres geschieht deshalb, weil ursprünglich bewusst vollzogene Handlungen durch häufige Wiederholung in derselben Situation sich als adäquate „Musterlösungen" bewährt haben, die weitgehend ohne Bewusstseinsbeteiligung auf der Gewohnheitsebene ausgeführt werden können und damit zu einer kognitiven Entlastung führen (Gehlen, 1997, S. 65 f.). Gleichzeitig verringert sich der Handlungsspielraum, weil die erworbenen Handlungsstrukturen sich verfestigt haben und dadurch die Offenheit für vom gewohnten Handlungsmuster abweichende Lösungsstrategien abnimmt. Korrekturmöglichkeiten sind meist nur dann gegeben, wenn offensichtliche Fehler auftreten, die entweder vom Individuum selbst oder von der Umwelt bemerkt werden (vgl. Hacker, 1986, S. 154; Hacker, 2005; Helfrich, 1996b, S. 79). Die Verfestigung von Handlungsmustern ist also stets gleichzeitig mit einem Verlust an Vielfalt verbunden.

Die Überlegungen zur Gewohnheitsbildung haben Konsequenzen für die Diskussion der Willensfreiheit. Aus der Tatsache, dass eine aktuelle Handlung spontan erfolgt, kann nicht ohne Weiteres abgeleitet werden, dass sie unfreiwillig ausgeführt wird. Es besteht immer die Möglichkeit, dass eine ähnliche Entscheidung als Folge einer situativen Anforderung in der Vergangenheit bewusst vollzogen wurde, sich aber anschließend als „implizites Wissen" (Polanyi, 1966) verfestigt hat und nun unbewusst auf der Gewohnheitsebene abgerufen wird. Im Rahmen der sog. Differentiellen Psychologie liegt das Augenmerk auf überdauernden psychischen Strukturen. Versucht wird, eine quantitative Abschätzung des relativen Beitrags von genetischer Ausstattung („Anlage") und spezifischen soziokulturellen Bedingungen („Umwelt") zum Zustandekommen von Unterschieden in der Ausprägung von Eigenschaften wie beispielsweise Intelligenz, Gewissenhaftigkeit oder Aggressivität vorzunehmen. Hierzu dienen *Zwillingsstudien* und *Adoptionsstudien*. Sie bieten die Möglichkeit, Daten von Personen zu erheben, deren genetische Ähnlichkeiten und Umweltähnlichkeiten bekannt sind.

Zwillingsstudien

In Zwillingsstudien wird der relative Anteil der *Umwelt* dadurch abgeschätzt, dass man eineiige Zwillinge (EEZ), die in derselben Umwelt aufgewachsen sind, mit eineiigen Zwillingen vergleicht, die in unterschiedlichen Umwelten aufgewachsen sind.

Der relative Anteil der *Anlage* wird ermittelt, indem gemeinsam aufgewachsene eineiige Zwillinge mit gemeinsam aufgewachsenen zweieiigen Zwillingen (ZEZ) verglichen werden.

Als Vergleichsmaß gilt hierbei die Korrelation zwischen dem Testwert des einen Zwillings mit dem des anderen.

Vergleich	Ergebnis
EEZ gemeinsam aufgewachsen versus EEZ getrennt aufgewachsen	Unterschied in den Korrelationskoeffizienten gibt Auskunft über Beitrag der *Umwelt*
EEZ gemeinsam aufgewachsen versus ZEZ gemeinsam aufgewachsen	Unterschied in den Korrelationskoeffizienten gibt Auskunft über Beitrag der *Anlage,*

In *Zwillingsstudien* vergleicht man Zwillinge hinsichtlich ihrer Ähnlichkeit von Eigenschaften. Verglichen werden zum einen genetisch identische (eineiige Zwillinge) mit genetisch nur teilweise gleichen (zweieiigen Zwillingen) und zum anderen eineiige Zwillinge, die gemeinsam aufwachsen, mit solchen, die getrennt aufwachsen. Die untersuchten Eigenschaften werden mit Hilfe von Tests erfasst. Als Vergleichsmaß gilt die Korrelation zwischen dem Testwert des einen Zwillings mit dem des anderen.

Der relative Anteil der *Umwelt* wird dadurch abgeschätzt, dass man eineiige Zwillinge, die gemeinsam (also in derselben Umwelt) aufwachsen, mit solchen vergleicht, die getrennt (also in unterschiedlichen Umwelten) aufwachsen. Je größer die Differenz, desto höher ist der Beitrag der Umwelt.

Der relative Anteil der *Anlage* wird dadurch abgeschätzt, dass man gemeinsam aufwachsende eineiige Zwillinge mit gemeinsam aufwachsenden zweieiigen Zwillingen vergleicht. Je größer die Differenz, desto höher ist der Beitrag der Anlage.

Adoptionsstudien ähneln methodisch den Zwillingsstudien. Hier werden adoptierte Kinder mit ihren Adoptiveltern bzw. ebenfalls adoptierten Geschwistern einerseits und mit ihren biologischen Eltern bzw. Geschwistern andererseits verglichen. Ist die Ähnlichkeit der adoptierten Kinder mit ihren Adoptiveltern bzw. –geschwistern größer als die Ähnlichkeit mit ihren biologischen Eltern bzw. biologischen Geschwistern, wird davon ausgegangen, dass die Ähnlichkeiten durch die *Umwelt* bedingt sind. Umgekehrt wird auf Ähnlichkeiten in der *Anlage* geschlossen, wenn die adoptierten Kinder stärker ihren biologischen Verwandten als ihren Adoptivverwandten gleichen.

Aus Zwillings- und Adoptionsstudien wird häufig ein sog. Heritabilitätsindex h^2 (Erblichkeitsindex)[4] abgeleitet. Er gibt das Ausmaß (in Prozent oder als Anteil) an, in dem Unterschiede zwischen Personen durch genetische Unterschiede erklärt werden können. In Zwillingsstudien wird er dadurch ermittelt, dass man bei gemeinsam aufgewachsenen Zwillingen die Korrelation der Testwerte der eineiigen Zwillinge (EEZ) mit der Korrelation der Testwerte der zweieiigen Zwillinge (ZEZ) vergleicht. Berechnet wird h^2 aus der Differenz zwischen den beiden Korrelationskoeffizienten (vgl. Falconer, 1984, S. 228).

---

[4] Das Symbol „h^2" ist die übliche konventionelle Bezeichnung und beinhaltet nicht eine quadratische Rechenvorschrift (vgl. Falconer, 1984, S. 213).

Heritabilitätsindex h^2

Der Heritabilitätsindex oder Erblichkeitsindex h^2 gibt das Ausmaß (in Prozent oder als Anteil) an, in dem Merkmalsunterschiede zwischen Personen durch genetische Unterschiede erklärt werden können. In Zwillingsstudien wird er dadurch ermittelt, dass man bei gemeinsam aufgewachsenen Zwillingen die Korrelation der Testwerte der eineiigen Zwillinge (EEZ) mit der Korrelation der Testwerte der zweieiigen Zwillinge (ZEZ) vergleicht.

Aus der Differenz zwischen den beiden Korrelationskoeffizienten ergibt sich der Erblichkeitsindex:

$$h^2 = 2 \ (r_{EEZ} - r_{ZEZ}),$$

wobei

$r =$ Korrelationskoeffizient für den Zusammenhang zwischen dem Wert des einen Zwillings und dem Wert des anderen Zwillings eines Zwillingspaares,

$r_{EEZ} =$ Korrelationskoeffizient für den Zusammenhang zwischen den Testwerten eineiiger Zwillinge (EEZ),

$r_{ZEZ} =$ Korrelationskoeffizient für den Zusammenhang zwischen den Testwerten zweieiiger Zwillinge (ZEZ).

Da die einfache Differenz nur die Hälfte des relativen genetischen Einflusses schätzt, wird der ermittelte Differenzwert verdoppelt.

Man beachte, dass die Differenz keinen negativen Wert annehmen kann, da der Wert für $r_{EEZ} \geq r_{ZEZ}$ sein muss.

Quelle: Falconer (1984, S. 228).

Erhält man beispielsweise für den Zusammenhang zwischen dem Testwert des einen Zwillings und dem des anderen Zwillings für die EEZ einen Korrelationskoeffizienten von $r_{EEZ} = 0{,}8$ und für die ZEZ einen Korrelationskoeffizienten von $r_{ZEZ} = 0{,}5$, beträgt $h^2 = 2 \ (0{,}8{-}0{,}5) = 0{,}6$. Das bedeutet also, dass 60 % der Unterschiede im untersuchten Merkmal darauf zurückgehen, dass die untersuchten Personen sich genetisch unterscheiden.

Bei der Aussagekraft des Erblichkeitsindex sind drei Einschränkungen zu beachten. Erstens ist der Wert als Durchschnittswert für die untersuchte Population zu betrachten und gilt daher nicht für ein spezifisches Individuum. Zweitens handelt es sich um einen relativen Anteil mit der Konsequenz, dass der ermittelte Wert sowohl von der jeweiligen Variation der genetischen Werte als auch von der Variation der jeweiligen Umwelt bei der untersuchten Personengruppe abhängt. Drittens darf Erblichkeit nicht im Sinne eines kausalen Einflusses gedeutet werden, da nur ein korrelativer Zusammenhang, nicht aber eine direkte Beeinflussung ermittelt wird (Korrelation). Wenn also vereinfachend von einem genetischen „Einfluss" gesprochen wird, kann es sich nur um einen „potenziellen Einfluss" handeln. Alle drei Einschränkungen müssen bei der Interpretation des Wertes von h^2 beachtet werden.

In zahlreichen Studien hat sich herausgestellt, dass zwischen dem siebten und zwanzigsten Lebensjahr die mithilfe des Heritabilitätsindex ermittelte Erblichkeit deutlich zunimmt und bei älteren Erwachsenen noch weiter steigt (vgl. Haworth et al., 2010; Zimbardo & Gerrig, 2008, S. 346). In früheren Studien wurde dies oft dahingehend interpretiert, dass die Umwelt nur im frühen Kindesalter bedeutsam ist, während sie im späteren Lebensalter kaum noch eine Rolle spielt. Übersehen wurde dabei, dass das Individuum seiner Umwelt nicht hilflos ausgeliefert ist, sondern diese selbst mitgestalten kann. In der neueren Forschung wird daher unterschieden zwischen einer „geteilten" (shared), d. h. gemeinsamen, Umwelt und einer „nicht geteilten" (nonshared), d. h. individuellen Umwelt (vgl. Asendorpff, 2009, S. 155). Beispiele für eine geteilte Umwelt sind sozioökonomischer Status und Bildungsstand der Eltern, Beispiele für eine nicht geteilte Umwelt sind Freunde und selbst gewählte Lernmöglichkeiten. Der geteilten Umwelt ist das Individuum passiv ausgeliefert, während bei der nicht geteilten Umwelt das Individuum eigene Wahlmöglichkeiten hat. Neuere Zwillings- und Adoptionsstudien berücksichtigen diese Unterscheidung und berechnen getrennte Indizes für die „geteilte Umwelt" und für die „nicht geteilte Umwelt". So wurde in einer Zwillingsuntersuchung von Rushton (2004) für die Ausprägung sozialer Verantwortung ein genetischer Anteil von 42 %, ein Anteil der „geteilten Umwelt" von 23 % und ein Anteil der „nicht geteilten Umwelt" von 35 % ermittelt. Eine groß angelegte Metaanalyse von 51 Zwillings- und Adoptionsstudien (Rhee & Waldman, 2002) ergab für die Ausprägung antisozialen Verhaltens einen genetischen Anteil von 41 %, einen Anteil der „geteilten Umwelt" von 16 % und einen Anteil der „nicht geteilten Umwelt" von 43 %. Man kann davon ausgehen, dass sich im Anteil der „nicht geteilten Umwelt" der Beitrag der sich entwickelnden Persönlichkeit und damit des kindlichen Willens verbirgt (vgl. auch Kornhuber & Deecke, 2008, S. 100).

Meta-Analyse

Zusammenfassung der Ergebnisse mehrerer Einzelstudien eines Forschungsfeldes zu einer quantitativen Gesamteinschätzung vorhandener Evidenz.

Die Rolle der nicht geteilten, also der individuellen Umwelt zeigt sich auch in Studien, die den kindlichen Entwicklungsverlauf untersuchen. Hervorzuheben ist hier das Phänomen der sog. *Resilienz,* d. h. der kindlichen Widerstandskraft gegenüber traumatisierenden Erfahrungen. Es gibt viele Kinder, die trotz Risikobedingungen (z. B. mangelnde elterliche Fürsorge, psychisch kranke Eltern) einen positiven Entwicklungsverlauf aufweisen, d. h. resilient sind. Zwillingsstudien (vgl. Waaktaar & Torgersen, 2012) lassen darauf schließen, dass neben der genetischen Ausstattung die nicht geteilte Umwelt für das Auftreten der Resilienz von besonderer Wichtigkeit ist. Das Kind schafft sich aktiv seine besondere Umwelt, indem es sich selbst Bezugspersonen außerhalb des negativen Milieus der eigenen Familie sucht (vgl. Masten, 2011; Werner & Smith, 1982).

Fazit

Wie im vorangegangenen Kapitel ausgeführt wurde, ist das menschliche Handeln determiniert, aber auf ganz bestimmte Weise. Die Art der Determiniertheit, wie sie nach dem Prinzip der triarchischen Resonanz verstanden wird, schließt Freiheitsgrade im Handeln prinzipiell nicht aus. Gleichzeitig scheint es Zwänge zu geben, die die Handlungsfreiheit beeinträchtigen. Zur Untersuchung dieser Zwänge wurde in diesem Kapitel die Frage nach den für menschliches Handeln zuständigen Instanzen gestellt. Die Beantwortung der Frage stützt sich auf empirische Untersuchungen aus dem Bereich der Hirnforschung und der Psychologie.

Bei der Hirnforschung ging es um empirische Belege dafür, dass Gehirnprozesse menschliche Entscheidungen kausal verursachen. Im Mittelpunkt stand die kritische Auseinandersetzung mit den sog. Libet-Untersuchungen. Gefolgert wurde, dass tragfähige empirische Belege für den kausalen Einfluss von Gehirnprozessen bisher nicht erbracht werden konnten.

Im Rahmen der psychologischen Forschung wurde die Frage nach dem relativen Beitrag von genetischer Ausstattung („Anlage") und soziokulturellen Bedingungen („Umwelt") für die Ausprägung menschlicher Eigenschaften gestellt. Herangezogen wurden vor allem Zwillings- und Adoptionsstudien, aus denen ein sog. Heritabilitätsindex ermittelt wird. Als Folgerung ergab sich, dass sowohl die genetische

Ausstattung als auch die Umweltbedingungen Spielräume für menschliches Handeln gewähren. Besonders hervorgehoben wurde, dass der Mensch seiner Umwelt nicht passiv ausgeliefert ist, sondern sich diese teilweise selbst schaffen kann.

Innensicht versus Außensicht 9

9.1 Gefahr der einseitigen Sichtweise

Die Diskussion über die Willensfreiheit scheint auf eine Kontroverse zwischen der Dritten-Person-Perspektive, d. h. der Außensicht, und der Ersten-Person-Perspektive, d. h. der Innensicht, hinauszulaufen (vgl. Prinz, 2021, S. 284; Roth, 2021, S. 264; Singer, 2008, S. 197). Die Innensicht entspricht der Selbstwahrnehmung der handelnden Person. Dieser „subjektiven" Sichtweise wird eine „objektive" Sichtweise als Außensicht gegenübergestellt. Ihr entspricht die naturwissenschaftliche Betrachtungsweise, nach der die neurologischen Prozesse als Gegenstand der Forschung dienen.

Der auf der Hirnforschung basierende „harte Determinismus" (Abschn. 3.3) und ebenso der auf physikalischen Überlegungen basierende „weiche Determinismus" (Abschn. 3.5) entsprechen dem Ansatz der Außensicht, während der „harte Kompatibilismus" (Abschn. 3.6) sowie der Libertarismus (Abschn. 3.4) den Ansatz der Innensicht widerspiegeln. Oft werden die beiden Beschreibungsweisen als wechselseitig unvereinbar betrachtet (Nagel, 1974), und manchmal werden sie konfundiert (Abschn. 8.2). Was bisher fehlt, ist eine integrative Verknüpfung der beiden Sichtweisen.

Das triarchische Resonanzprinzip greift die Spannung zwischen Außen- und Innensicht auf. Es beschreibt eine Wechselwirkung zwischen Individuum, Kultur und Aufgabe. Der Komplexität dieser Wechselwirkung kann nur dann Rechnung getragen werden, wenn Außen- und Innensicht sich gegenseitig ergänzen.

Ein einseitig an der Außenperspektive orientierter Ansatz steht in der Gefahr, aus beobacht- und messbarem Verhalten unzulässige Schlüsse hinsichtlich der Handlungssteuerung abzuleiten, da sie die Genese und Bedeutung einer situativen Anforderung (d. h. der Aufgabe) außer Acht lässt. So kann beispielsweise

© Der/die Autor(en), exklusiv lizenziert durch Springer-Verlag GmbH, DE, ein Teil von Springer Nature 2022
H. Helfrich, *Ist unser Wille frei?*, essentials,
https://doi.org/10.1007/978-3-662-64976-3_9

aus einer beobachtbaren Handlung nicht ohne weiteres erschlossen werden, ob es sich um eine auf unbewussten Gewohnheiten beruhende Handlung oder um eine bewusste Entscheidung handelt. Die kulturell erworbene Bedeutung der jeweiligen situativen Anforderung lässt sich nur unter Einbeziehung der Innensicht nachvollziehbar deuten.

Aber auch eine ausschließlich an der Innensicht orientierte Perspektive trägt nicht allen beteiligten Prozessen Rechnung. So muss die Selbstdeutung von Verhalten durch eine Außensicht korrigiert werden, da sie in der Gefahr steht, erwünschtes eigenes Verhalten überzubetonen und unerwünschtes zu ignorieren.

9.2   Doppelte Induktion als Brückenschlag

Der Gegensatz zwischen Innen- und Außenperspektive ist jedoch nicht unüberbrückbar. Schon Morgan schlägt als Lösungsansatz die „doppelte Induktion" (Morgan, 1903, S. 45) vor. Er meint damit, dass Schlussfolgerungen, die aus der objektiven Beobachtung gezogen werden, durch Schlussfolgerungen, die sich aus der Selbstreflexion ergeben, abzusichern sind und umgekehrt (vgl. Helfrich, 1999a, S. 136). Diese wechselseitige Korrektur bleibt in der bisherigen Forschung weitgehend unbeachtet.

Dass eine Korrektur prinzipiell möglich ist, kann an den aus der Wahrnehmungspsychologie als „optische Täuschungen" bekannten Phänomenen demonstriert werden, die als Beispiel einer „Illusion" dienen können. Die „Täuschungen" können als sinnvolle wahrnehmungsmäßige „Korrekturen" einer atypischen Reizstruktur betrachtet werden. Ein Beispiel ist die sog. Müller-Lyer-Täuschung (Müller-Lyer, 1889). Bei unvoreingenommener Betrachtung der Reizvorlage unterliegt man der Täuschung als Folge der erworbenen Sehgewohnheiten (vgl. Helfrich, 2019, S. 76). Diese führen dazu, die in der Reizvorlage zweidimensional vorgegebenen Linien als Ausschnitte dreidimensionaler (räumlicher) Gebilde wahrzunehmen (vgl. Abb. 9.1). Aber man ist imstande, die Innensicht durch eine Außensicht zu korrigieren, also die Täuschung zu entlarven, beispielsweise, indem man ein Lineal zu Hilfe nimmt und die Linien ausmisst.

In der Hirnforschung versucht man, die Innenperspektive zunehmend durch die Außenperspektive zu ersetzen. Das Postulat der doppelten Induktion wird dabei häufig in eklatanter Weise verletzt. Dies gilt in besonderer Weise für die Interpretation der sog. Libet-Untersuchungen (Abschn. 8.2). Entgegen Morgans Postulat der doppelten Induktion werden hier Innen- und Außenperspektive keiner wechselseitigen Korrektur unterzogen, sondern stattdessen in unzulässiger Weise konfundiert. Folglich bleibt unklar, für welches Konstrukt die verwendeten Maße

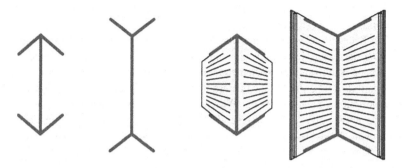

Linke Seite: Reizvorlage
Rechte Seite: Räumliche Interpretation der Reizvorlage

Abb. 9.1 Die Müller-Lyer-Täuschung

jeweils valide Indikatoren sein sollen. Mithilfe der doppelten Induktion müsste nachgewiesen werden, dass das physiologische Maß des Bereitschaftspotentials ein valider Indikator für die Handlung und das subjektive Maß der zeitlichen Datierung ein valider Indikator für den Willensentschluss ist. Bisher konnte keiner dieser Nachweise erbracht werden. Eine Möglichkeit der wechselseitigen Validierung könnte beispielsweise darin bestehen, verschiedene zeitliche Phasen des subjektiven Erlebens zu bestimmen und dann dieselben Zeitintervalle hinsichtlich ihrer neuronalen Zustände miteinander zu vergleichen (Northoff et al., 2006, S. 627).

Dass die wechselseitige Betrachtung von Außen- und Innenperspektive notwendig ist, demonstrieren auch Untersuchungen zu neuronalen Korrelaten von kognitiven Leistungen. Beispielsweise hat man herausgefunden, dass die Gehirndurchblutung in bestimmten Regionen mit der Aufgabenschwierigkeit zunimmt (Na et al., 2018); und entsprechend mit zunehmender Erfahrung abnimmt (Eagleman, 2012, S. 167). Erklärt wird dies damit, dass eine schwierigere Aufgabe mehr Anstrengung erfordert und daher mit einer erhöhten Durchblutung (vgl. Tab. 8.1) einhergeht. Je mehr die Aufgabe eingeübt ist, desto weniger muss man sich bei ihrer Lösung anstrengen und desto weniger Hirnaktivität ist notwendig. Wenn nun bei einer Person eine verminderte Hirnaktivität zu beobachten ist, lässt sich nicht ohne weiteres entscheiden, ob sie sich nicht anstrengen will, d. h. die Aufgabe nicht ernst nimmt, oder ob sie die Aufgabe auch ohne große Anstrengung lösen kann, da sie die Musterlösung bereits auf der Gewohnheitsebene abrufen kann.

Eine stimmige Interpretation des Befundes kann also nur unter Einbeziehung der Innenperspektive erfolgen.

Ein Brückenschlag zwischen Innen- und Außensicht ist auch erforderlich zur Prüfung der Frage, inwieweit vom Individuum selbst vorgebrachte „Gründe" als möglicher Nachweis der Willensfreiheit dienen können. Aus Sicht der „harten Kompatibilisten" (Abschn. 2.6) determiniert das „wohlabgewogene Gewicht" der Gründe (Bieri, 2011, S. 83) die Willensentscheidung des Individuums. Ob aber Gründe notwendige und hinreichende Determinanten von Entscheidungen sind, kann nicht allein aus der Selbstreflexion, also der Innensicht, erschlossen werden. Diese schließt selbstwertstützende Illusionen nicht aus, insbesondere, da sie meist aus der Retroperspektive erfolgt.

Auch bei der Beurteilung von Suchtverhalten müssen sich Innenperspektive und Außenperspektive gegenseitig ergänzen. Hier kann beispielsweise durch den Nachweis pathologisch veränderter Hirnstrukturen (Gazzaniga, 2011, S. 170; Northoff et al., 2006) die Auffassung gestützt werden, dass es sich bei der fehlenden Handlungskontrolle um einen Zwang handelt.

Fazit
Bei der Erforschung der Willensfreiheit lassen sich zwei Beschreibungsweisen unterscheiden: eine „subjektive" Innensicht, die der Selbsterfahrung der handelnden Person entspricht, und eine „objektive" Außensicht, die der naturwissenschaftlichen Betrachtung entspricht. Oft werden die beiden Beschreibungsweisen als wechselseitig unvereinbar betrachtet. Es lässt sich aber zeigen, dass sich die beiden Sichtweisen einander nicht ausschließen, sondern sich vielmehr gegenseitig ergänzen. Einen Brückenschlag bildet die „doppelte Induktion": nach ihr müssen Schlussfolgerungen, die aus der objektiven Beobachtung gezogen werden, durch Schlussfolgerungen, die sich aus der Selbstreflexion ergeben, abgesichert werden und umgekehrt.

Willensfreiheit als graduelles Phänomen

10

10.1 Situationsabhängigkeit

Zunächst ist festzuhalten, dass es eine unbedingte Willensfreiheit nicht geben kann. Diese setzt einen vollständigen Indeterminismus voraus. Es sollte jedoch deutlich geworden sein, dass ein solcher mit Freiheit nicht zu vereinbaren ist (Abschn. 4.2). Die daraus entspringenden Handlungen wären vom Zufall nicht zu unterscheiden und somit der Beliebigkeit anheim gegeben. Gemäß dem Resonanzprinzip erwachsen die Handlungen des Individuums aus dem Prozess der zeitlichen Entfaltung der Wechselwirkung zwischen Individuum, Aufgabenanforderung und kulturellem Kontext. Das Resonanzprinzip kann erklären, warum trotz Naturgesetzlichkeit grundsätzlich Freiräume bestehen. Es sagt jedoch nichts darüber aus, inwieweit diese Freiräume tatsächlich genutzt werden.

Man kann davon ausgehen, dass das Vorliegen von Willensfreiheit kein Alles-oder-Nichts-Phänomen ist, sondern dass es graduelle Abstufungen gibt (vgl. Walter, 2016, S. 358; Keil, 2017, S. 117). Graduelle Abstufungen sind sowohl bei der Betrachtung einer einzelnen Handlung als auch bei der Betrachtung unterschiedlicher Personen sichtbar.

Bezogen auf eine einzelne individuelle Handlung kann festgehalten werden, dass alle der vier aufgeführten Bedingungen der Freiwilligkeit – Absicht, Anders-Handeln-Können, Urheberschaft und Ausführungskontrolle (Kap. 2) – in unterschiedlichem Ausmaß ausgeprägt bzw. beeinträchtigt sein können. So kann etwa die Absicht stärker oder weniger stark bewusst sein (vgl. Goschke, 2004), und die Handlungskontrolle kann stark oder schwach sein. Als Ganzes betrachtet kann eine vergleichbare Handlung zu unterschiedlichen Zeitpunkten bzw. in unterschiedlichen Situationen mit einem unterschiedlichen Grad an Freiwilligkeit

H. Helfrich, *Ist unser Wille frei?*, essentials, https://doi.org/10.1007/978-3-662-64976-3_10

ausgeführt werden. So kann beispielsweise die gleiche Handlung zum einen Zeitpunkt aus Unachtsamkeit oder Fahrlässigkeit stattfinden, während sie zu einem
anderen Zeitpunkt völlig geplant ausgeführt wird (vgl. Helfrich & Hölter, 2022).

10.2 Personabhängigkeit

Bezogen auf Personen kann festgestellt werden, dass der Grad der individuellen
Willensfreiheit stark variiert. Persönlichkeitsmerkmale wie „erlernte Hilflosigkeit" (Seligman, 1999), „gelernte Sorglosigkeit" (Frey et al., 2016; vgl. Helfrich & Hölter, 2022), mangelnde „Selbstwirksamkeit" (Bandura, 1997) scheinen
mit verminderter Willensfreiheit einherzugehen. Besonders gelten Einschränkungen für psychopathologische Erscheinungen wie Schizophrenie, Depressivität,
Zwangsstörungen und Sucht (vgl. ICD-10-GM 2021, Kap. V). Für einige dieser Störungen wurden neurologische Korrelate nachgewiesen. Beispielsweise
scheinen Funktionsstörungen des präfrontalen Kortex mit einer eingeschränk-
ten Fähigkeit zur Planung und Kontrolle von Handlungen (vgl. Goschke, 2004,
S. 196; Kandel, 2018, S. 92, 129) einherzugehen, und Funktionsstörungen der
Amygdala und des Hippocampus (vgl. Abb. 8.1) scheinen mit einer verminderten
Fähigkeit zur Bildung von Absichten (Pauen & Roth, 2008, S. 94 f.) verbunden
zu sein.

   Die Einschränkung der Willensfreiheit kann darüber hinaus innerhalb einer
Person auch bereichsspezifisch sein. Beispielsweise kann jemand mit einem
Waschzwang durchaus in nicht sauberkeitsrelevanten Bereichen fähig zu freien
Entscheidungen sein, seine bzw. ihre Freiheit ist daher nur punktuell einge-
schränkt (vgl. Walter, 2016, S. 362).

10.3 Möglichkeiten der Steuerung

Die aufgeführten Einschränkungen bedrohen nicht die Existenz der Willensfreiheit, sondern sie besagen nur, dass die Fähigkeit zur Nutzung der Willensfreiheit
an bestimmte kognitive und affektive Voraussetzungen gebunden ist. Diese Voraussetzungen können in Abhängigkeit von der Situation und der Person in
unterschiedlichem Ausmaß erfüllt sein.

   Darüber hinaus können sich die kognitiven und affektiven Voraussetzungen
im Lauf der Zeit verändern. Bedingt durch Reifung und Lernen geschieht dies
vor allem im Verlauf der ontogenetischen Entwicklung (Abschn. 7.3 und 8.3).

Selbst pathologische Einschränkungen der Willensfreiheit sind nicht unveränder-bar. Zum einen kann das Individuum eigene Anstrengungen zur Veränderung einsetzen (vgl. Keil, 2017, S. 215), indem es in Auseinandersetzung mit den gegebenen Situationsanforderungen neue Gewohnheiten und Strategien ausbildet. Beispielsweise kann eine mangelnde Impulskontrolle durch die Bewusstmachung der sie auslösenden Gefühle kompensiert werden (Walter et al., 2009).

Zum anderen können starke Einflüsse von außen, etwa in Form einer Psychotherapie, hilfreich sein (vgl. Kandel, 2018). Eine Psychotherapie stellt keine einseitige Beeinflussung des Individuums dar, sondern erzielt ihre Wirksamkeit gerade daraus, dass das Individuum seine Autonomie bewahrt (vgl. Schlimme, 2008). Insofern ist sie ein gutes Beispiel für einen Resonanzprozess, der sich in der Wechselwirkung zwischen Therapeut:in und Patient:in vollzieht (vgl. Kandel, 2018, S. 101). Im Verlauf der Therapie wird der bzw. die Patient:in mit neuen Anforderungssituationen konfrontiert, die er bzw. sie als „Aufgaben" (Abschn. 7.2) erkennt und als Chance begreifen kann, neue Bewältigungsformen zu erarbeiten, die dann dauerhaften Eingang in das bestehende Verhaltensrepertoire finden.

Fazit

Willensfreiheit ist kein Alles-oder-Nichts-Phänomen, sondern weist graduelle Abstufungen auf. Die Freiwilligkeit kann in unterschiedlichem Ausmaß ausgeprägt bzw. beeinträchtigt sein. Dies gilt sowohl in Bezug auf eine spezifische Handlung als auch in Bezug auf unterschiedliche Personen. Bei derselben Person kann eine vergleichbare Handlung in Abhängigkeit von der konkreten Situation mit einem unterschiedlichen Grad von Freiwilligkeit einhergehen. Auch bezogen auf unterschiedliche Personen existiert eine beträchtliche Variation des Ausmaßes an Willensfreiheit. Verantwortlich hierfür können Persönlichkeitsmerkmale wie etwa Sorglosigkeit oder psychopathologische Merkmale wie etwa Schizophrenie sein. Festzuhalten ist aber auch, dass die Einschränkungen nicht notwendigerweise unabänderlich sind. Veränderbar sind sie sowohl durch eigene Anstrengungen als auch durch Einflüsse von außen, z. B. in Form psychotherapeutischer Hilfestellung.

Schlussbetrachtung 11

Eine zentrale Frage für das Verständnis menschlichen Verhaltens ist es, ob der Mensch selbstbestimmt handeln kann oder ob er einem Netz von Bedingungen gefangen ist, die seinen Handlungsspielraum in entscheidender Weise einengen oder sogar unmöglich machen. Damit ergibt sich die Frage nach der Freiheit des Willens. Gefragt wird, ob ein freier Wille in einer von Naturgesetzen beherrschten Welt grundsätzlich existieren kann.

Auf diese Frage werden in der Literatur unterschiedliche Antworten gegeben. Die größte Herausforderung für die Existenz des freien Willens stellt der sog. Determinismus dar. In seiner extremen Form, als „harter Determinismus" bezeichnet, besagt er, dass jedes Ereignis mit Notwendigkeit kausal durch vorhergehende Ereignisse und die geltenden Naturgesetze hervorgebracht wird. In diesem Essential wird eine Neubetrachtung des Determinismus vorgenommen. Sie basiert auf einer Modellvorstellung, die als „triarchisches Resonanzprinzip" bezeichnet wird.

Die Metapher der „Resonanz" ist der Akustik entlehnt, wo sie den gegenseitigen Einfluss und die Zustandsänderung physikalischer Größen – eines „anregendes Systems" und eines „Resonators" – modelliert. Das Bild der Resonanz gestattet eine Neudefinition des Begriffs „Determiniertheit". Die Neudefinition bezieht sich auf die Prinzipien der „Naturgesetzlichkeit" und „Kausalität".

Wenn Handlungen Naturgesetzen folgen, heißt dies nicht, dass die konkrete Handlung sich auf eine ganz bestimmte, von vornherein festgelegte Weise vollziehen muss. Gefordert ist nur, dass sie in Einklang mit den Naturgesetzen steht, also nicht gegen den Rahmen, der durch die „Regeln" der Naturgesetze vorgegeben ist, verstößt. Obwohl die Regeln einzuhalten sind, erlaubt ihre Anwendung doch gleichzeitig einen weiten Handlungsspielraum.

© Der/die Autor(en), exklusiv lizenziert durch Springer-Verlag GmbH, DE, ein Teil   55
von Springer Nature 2022
H. Helfrich, *Ist unser Wille frei?*, essentials,
https://doi.org/10.1007/978-3-662-64976-3_11

Das mit den Naturgesetzen verbundene Kausalitätsprinzip bezieht sich auf den Zusammenhang zwischen „Ursache" und „Wirkung". Damit ein Ereignis als „Ursache" identifiziert werden kann, muss es eine „Wirkung" hervorbringen. Ob eine potenzielle Ursache tatsächlich als Ursache gewirkt hat, lässt sich nur im Nachhinein aus der Reaktion des „Resonators" bestimmen. Die Kausalität muss also komplementär betrachtet werden. Was rückblickend als Ursache-Wirkung-Beziehung erscheint, war als konkrete Ereignisfolge nicht eindeutig vorhersehbar, da der Entstehungsprozess verschiedene Realisationsmöglichkeiten offen ließ.

Im vorgestellten Prinzip der triarchischen Resonanz wird jede Handlung als das Zusammenwirken von drei theoretisch unterscheidbaren Komponenten betrachtet, nämlich der Aufgabe, des Individuums und der Kultur. Die Aufgabe repräsentiert die jeweiligen situativen Anforderungen, die erst in Abhängigkeit vom jeweiligen Individuum und der jeweiligen kulturellen Tradition ihre Relevanz und inhaltliche Bedeutung erlangt.

Entstehung und Ausführung einer Handlung unterliegen einem zeitlichen Prozess, der sich unterschiedlich weit erstreckt und unterschiedlich weit zurückverfolgen lässt. Jede Handlung muss also in ihrer zeitlichen Entfaltung, d. h. ihrer Genese, betrachtet werden. Entsprechend den drei Komponenten des triarchischen Resonanzprinzips erfolgt die genetische Betrachtung unter drei Aspekten: erstens unter dem aktualgenetischen Aspekt der Aufgabe, zweitens unter dem Aspekt der ontogenetischen Entwicklung des Individuums, und drittens unter dem Aspekt der Kulturgenese. Die Aktualgenese umfasst den Prozess des Aufkommens einer Aufgabe bis hin zu deren Bewältigung, die Ontogenese umfasst die individuelle Entwicklung der betroffenen Person, und die Kulturgenese bezieht den kulturellen Kontext einer Aufgabe in die Betrachtung ein.

Die Diskussion über die Willensfreiheit ist wesentlich durch die Kontroverse zwischen der Dritten-Person-Perspektive, d. h. der Außensicht, und der Ersten-Person-Perspektive, d. h. der Innensicht, geprägt. Die Außensicht konzentriert sich auf beobachtbare neuronale Prozesse, die Innenperspektive stellt das subjektive Erleben des Individuums in den Mittelpunkt der Betrachtung. Bisher ist es nicht überzeugend gelungen, die Innenperspektive durch die Außenperspektive oder umgekehrt die Außen- durch die Innenperspektive zu ersetzen. Das subjektive Erleben des Individuums kann nicht auf neuronale Vorgänge reduziert werden, da die Interpretation der entsprechenden Befunde die Einbeziehung der Innenperspektive erfordert. Aber auch die Innensicht stößt an ihre Grenzen, wie vor allem die aus der retrospektiven Betrachtung subjektiv gefärbten ergebnisorientierten Selbstauskünfte bezeugen. Das triarchische Resonanzprinzip zeigt auf, dass für die Untersuchungen menschlicher Handlungen beide Herangehensweisen unverzichtbar sind. Als Brückenschlag dient das Postulat der „doppelten Induktion".

Abschließend muss jetzt noch die erkenntnistheoretische Frage gestellt werden, ob die Willensfreiheit existiert. Beantworten lässt sich diese Frage nicht. Gemäß dem vorliegenden Modell spricht aus theoretischer Sicht nichts gegen die Existenz einer Willensfreiheit. Diese ist mit den Naturgesetzen durchaus vereinbar. Aber ob sie tatsächlich existiert, ist eine empirische Frage. Im Sinne von Karl Poppers kritischem Rationalismus (vgl. Helfrich, 2016, S. 57) kann der Nachweis ihrer Existenz so gut wie nicht erbracht werden. Die Willensfreiheit stellt in diesem Fall die Ausgangshypothese, die sog. Nullhypothese, dar. Demgegenüber bildet die Unfreiheit die sog. Alternativhypothese. Der Nachweis der Geltung der Alternativhypothese kann dadurch erbracht werden, dass die Nullhypothese falsifiziert wird, d. h. als unzutreffend nachgewiesen wird. Diese Falsifikation – die bisher nicht gelungen ist – würde also zu einer Verwerfung der Nullhypothese führen. Wird hingegen die Nullhypothese nicht falsifiziert, heißt das dennoch nicht, dass sie bestätigt wurde, sondern nur, dass man sie bis zum Nachweis gegenteiliger Befunde beibehalten muss.

Zur Veranschaulichung lässt sich der Vergleich mit einem Strafgerichtsverfahren heranziehen. Wird der Angeklagte „mangels Beweisen" freigesprochen, bedeutet dies nicht, dass er das ihm zur Last gelegte Verbrechen nicht begangen hat, sondern nur, dass es ihm nicht nachgewiesen werden kann. Damit entspricht die „nicht nachgewiesene Schuld" des Angeklagten der Nullhypothese und die „Schuld" der Alternativhypothese. Bezogen auf die Willensfreiheit muss gesagt werden, dass die Falsifikation der Nullhypothese bisher nicht überzeugend gelungen ist. Daraus folgt, dass man die Existenz der Willensfreiheit zwar nicht im positiven Sinne nachweisen kann, dass es aber auch keine tragfähigen empirischen Nachweise dafür gibt, dass man ihr die Existenz absprechen müsste.

Fazit

In diesem Kapitel wurden Schlussfolgerungen aus den vorangegangenen Kapiteln gezogen. Das vorgestellte Prinzip der triarchischen Resonanz sollte gezeigt haben, dass die Existenz der Willensfreiheit in Einklang mit den Naturgesetzen steht. Zwar ist es nicht möglich, empirisch die Existenz der Willensfreiheit positiv nachzuweisen, doch gibt es umgekehrt auch keinen tragfähigen empirischen Nachweis für ihre Nicht-Existenz. Daher wird abschließend argumentiert, dass man an der Existenz der Willensfreiheit bis zum Nachweis des Gegenteils festhalten kann.

Was Sie aus diesem *essential* mitnehmen können

- Ein freier Wille ist für verantwortungsvolles Handeln unabdingbar.
- Ein freier Wille ist mit den Naturgesetzen vereinbar.
- Die Determiniertheit des menschlichen Handelns durch biologische Anlage und soziale Umwelt lässt Spielräume für selbstbestimmtes Handeln offen.
- Es gibt keinerlei empirischen Nachweis dafür, dass der freie Wille nicht existiert.

© Der/die Herausgeber bzw. der/die Autor(en), exklusiv lizenziert durch Springer-Verlag GmbH, DE, ein Teil von Springer Nature 2022
H. Helfrich, *Ist unser Wille frei?*, essentials,
https://doi.org/10.1007/978-3-662-64976-3

Literatur

Alexander, P., Schlegel, A., Sinnott-Armstrong, W., Roskies, A. L., Wheatley, T., & Tse, P. U. (2016). Readiness potentials driven by non-motoric processes. *Consciousness and Cognition, 39*, 38–47.

Asendorpff, J. B. (2009). *Persönlichkeitspsychologie*. Springer.

Bandura, A. (1978). The self system in reciprocal determinism. *American Psychologist, 33*, 344–358.

Bandura, A. (1983). Temporal dynamics and decomposition of reciprocal determinism: A reply to Phillips and Orton. *Psychological Review, 90*, 166–170.

Bandura, A. (1997). *Self efficacy: The exercise of control*. Freeman.

Bandura, A. (2008). Reconstrual of „free will" from the agentic perspective of social cognitive theory. In J. Baer, J. C. Kaufman, & R. F. Baumeister (Hrsg.), *Are we free – Psychology and free will* (S. 86–127). Oxford University Press.

Beckermann, A. (2005). Willensfreiheit – Ein Überblick aus kompatibilistischer Sicht. In: C. Nimtz & A. Beckermann (Hrsg.) *Philosophie und/als Wissenschaft* (S. 111–126). Mentis.

Bieri, P. (2011). *Das Handwerk der Freiheit. Über die Entdeckung des eigenen Willens* (10. Aufl.). Fischer Taschenbuch.

Bignetti, E. (2014). The functional role of free-will illusion in cognition: „The Bignetti model". *Cognitive Systems Research, 31–32*, 45–60.

Bishop, R. (2002). Chaos, indeterminism, and free will. In R. Kane (Hrsg.), *The Oxford handbook of free will* (S. 111–124). Oxford University Press.

Bohr, N. (1983). Diskussion mit Einstein über erkenntnistheoretische Probleme in der Atomphysik. In P. A. Schilpp (Hrsg.), *Albert Einstein als Philosoph und Naturforscher* (S. 84–119). Vieweg.

Brasil-Neto, J., Pascual-Leone, A., Valls-Sole, J., Cohen, L., & Hallett, M. (1992). Focal transcranial magnetic stimulation and response bias in a forced-choice task. *Journal of Neurology, 55*, 964–966.

Calvin, J. (1559). *Institutio Christianae religionis*. Robert Estienne.

Chisholm, R. N. (1964). Human freedom and the self. In G. Watson (Hrsg.), *Free will* (S. 24–35). Oxford University Press.

Chomsky, N. (1981). *Regeln und Repräsentationen*. Suhrkamp.

Chomsky, N. (1998). *Aspects of the theory of syntax*. MIT Press.

Clark, A., & Chalmers, D. J. (1998). The extended mind. *Analysis, 58*, 7–19.

© Der/die Herausgeber bzw. der/die Autor(en), exklusiv lizenziert durch Springer-Verlag GmbH, DE, ein Teil von Springer Nature 2022
H. Helfrich, *Ist unser Wille frei?*, essentials,
https://doi.org/10.1007/978-3-662-64976-3

Cowan, N. (2016). *Working memory capacity*. Routledge.

Damasio, A. R. (1995). *Descartes' Irrtum. Fühlen, Denken und das menschliche Gehirn*. Paul List.

Eagleman, D. (2012). *Inkognito. Die geheimen Eigenleben unseres Gehirns*. Campus.

Edelman, G. M. (2003). Naturalizing consciousness. A theoretical framework. *PNAS, 100*, 5523–5527.

Edelman, G. M., & Tononi, G. (2002). *Gehirn und Geist*. Beck.

Eimas, P. D. (1990). Sprachwahrnehmung beim Säugling. In W. Singer (Hrsg.), *Gehirn und Kognition* (S. 120–127). Spektrum.

Falconer, D. S. (1984). *Einführung in die Quantitative Genetik*. Eugen Ulmer.

Falkenburg, B. (2012). *Mythos Determinismus*. Springer.

Frey, D., Ulrich, B., Streicher, B., Schneider, E., & Lermer, E. (2016). Theorie der gelernten Sorglosigkeit. In H.-W. Bierhoff (Hrsg.), *Selbst und soziale Kognition, Enzyklopädie der Psychologie; Themenbereich C, Serie 6* (Bd. 1, S. 429–461). Hogrefe.

Gazzaniga, M. S. (2011). *Who's in charge? Free will and the science of the brain*. HarperCollins.

Gehlen, A. (1997). *Der Mensch: Seine Natur und seine Stellung in der Welt* (13. Aufl.). Quelle und Meyer.

Goschke, T. (2004). Vom freien Willen zur Selbstdetermination. Kognitive und volitionale Mechanismen der intentionalen Handlungssteuerung. *Psychologische Rundschau, 55*, 186–197.

Greve, W. (1996). Die Grenzen empirischer Wissenschaft. Philosophische Schwierigkeiten einer psychologischen Theorie der Willensfreiheit. In M. v. Cranach & K. Foppa (Hrsg.), *Freiheit des Entscheidens und Handelns. Ein Problem der nomologischen Psychologie* (S. 104–121). Asanger.

Greve, W., & Thomsen, T. (2019). *Entwicklungspsychologie*. Springer.

Hacker, W. (1986). Arbeitspsychologie: Psychische Regulation von Arbeitstätigkeiten. *Schriften zur Arbeitspsychologie, Nr. 41*. (Neufassung von Allgemeine Arbeits- und Ingenieurpsychologie). Huber.

Hacker, W. (2005). *Allgemeine Arbeitspsychologie*. Huber.

Havighurst, R. J. (1982). *Developmental tasks and education* (3. Aufl.). Basic Books.

Haworth, C. M. A., Wright, M. J., Luciano, M., Martin, N. G., De Geus, E. J. C., Van Beijsterveldt, C. E. M., Bartels, M., Posthuma, D., Boomsma, D. I., Davis, O. S. P., Kovas, Y., Corley, R. P., DeFries, J. C., Hewitt, J. K., Olson, J. K., Rhea, S.-A, SJ Wadsworth, S. J., Iacono, W. G., McGue, M., Thompson, L. A., Hart, S. A., Petrill, S. A., D Lubinski, D., & Plomin, R. (2010). The heritability of general cognitive ability increases linearly from childhood to young adulthood. *Molecular Psychiatry, 15*, 1112–1120.

Haynes, J.-D. (2013). Beyond Libet: Long-term prediction of free choices from neuroimaging signals. In A. Clark, J. Kiverstein, & T. Vierkant (Hrsg.), *Decomposing the will* (S. 60–72). Oxford University Press.

Helfrich, H. (1985). *Satzmelodie und Sprachwahrnehmung*. De Gruyter.

Helfrich, H. (1996a). Cultural differences in psychological time. In H. Helfrich (Hrsg.), *Time and mind* (S. 105–120). Hogrefe & Huber.

Helfrich, H. (1996b). Menschliche Zuverlässigkeit aus sozialpsychologischer Sicht. *Zeitschrift für Psychologie, 204*, 75–96.

Helfrich, H. (1999a). Beyond the dilemma of cross-cultural psychology. Resolving the tension between etic and emic approaches. *Culture & Psychology, 5*, 131–153.

Helfrich, H. (1999b). Human reliability from a social-psychological perspective. *International Journal of Human-Computer Studies, 50*, 193–212.

Helfrich, H. (2016). *Wissenschaftstheorie für Betriebswirtschaftler*. SpringerGabler.

Helfrich, H. (2019). *Kulturvergleichende Psychologie* (2. Aufl.). Springer.

Helfrich, H., & Hölter, E. (2022). Fahrlässigkeit – Ein weisser Fleck in der Unternehmensethik. *Die Unternehmung (Swiss Journal of Business Research and Practice), 76*, 106–129.

Hillenkamp, T. (2015). „Freie Willensbestimmung" und Gesetz. *Juristenzeitung, 70*, 391–401.

ICD-10-GM. (2021). Internationale statistische Klassifikation der Krankheiten und verwandter Gesundheitsprobleme. (10. Revision). German Modification. Version 2021. BfArM.

Jantzen, W. (2003). Neuronaler Darwinismus – Zur inneren Struktur der neurowissenschaftlichen Theorie von Gerald Edelman. *Mitteilungen der Luria-Gesellschaft, 10*, 21–41.

Kammer, T., & Grön, G. (2012). Manifestationen von Frontalhirnschädigungen. In H.-O. Karnath & P. Thier (Hrsg.), *Kognitive Neurowissenschaften* (3. Aufl., S. 595–605). Springer.

Kandel, E. (2018). *Was ist der Mensch? Störungen des Gehirns und was sie über die menschliche Natur verraten*. Siedler.

Kane, R. (1965). *The significance of free will*. Oxford University Press.

Keil, G. (2007). Naturgesetze, Handlungsvermögen und Anderskönnen. *Deutsche Zeitschrift für Philosophie, 55*, 929–948.

Keil, G. (2017). *Willensfreiheit* (3. Aufl.). De Gruyter.

Keil, G. (2018). *Willensfreiheit und Determinismus*. Philipp Reclam jun. Verlag.

Keller, I., & Heckhausen, H. (1990). Readiness potentials preceding spontaneous motor acts. *Electroencephalography and Clinical Neurophysiology, 76*, 351–361.

Klein, O. (2017). Hindsight 40 years on. An interview with Baruch Fischhoff. *Memory Studies, 10*, 249–260.

Kornhuber, H., & Deecke, L. (1965). Hirnpotentialänderungen bei Willkürbewegungen und passiven Bewegungen des Menschen. *Pflügers Archiv, 284*, 1–17.

Kornhuber, H., & Deecke, L. (2008). Wille und Gehirn – Integrative Perspektiven. In H. G. Petzold & J. Sieper (Hrsg.), *Der Wille, die Neurobiologie und die Psychotherapie* (S. 77–176). Edition Sirius.

Küppers, G. (1996). *Chaos und Ordnung*. Reclam.

Kuhl, P. K. (2005). Early speech perception and later language development: Implications for the 'critical period'. *Language Learning and Development, 1*, 237–264.

Kuhl, J., & Strehlau, A. (2014). *Handlungspsychologische Grundlagen des Coaching*. Springer.

Lewin, K. (1926). Untersuchungen zur Handlungs- und Affektpsychologie. Teil 1: Vorbemerkungen über die psychischen Kräfte und Energien und über die Struktur der Seele. *Psychologische Forschung, 7*, 294–329.

Libet, B. (1985). Unconscious cerebral initiative and the role of conscious will in voluntary action. *The Behavioral and Brain Sciences, 8*, 529–566.

Libet, B. (2002). The timing of mental events. *Consciousness and Cognition, 11*, 291–299.

Libet, B. (2005). *Mind Time – Wie das Gehirn Bewusstsein produziert*. Suhrkamp.

Libet, B. (2008). Besitzen wir Willensfreiheit? In H. G. Petzold & J. Sieper (Hrsg.), *Der Wille, die Neurobiologie und die Psychotherapie* (S. 177–196). Edition Sirius.

Locke, J. (1690) *An essay concerning humane understandig*. Besset/Mory.

Lohaus, A., & Glüer,M. (2019). Selbstregulation bei Kindern im Rahmen der Entwicklungsund Erziehungspsychologie. In B. Kracke & P. Noack (Hrsg.), *Handbuch Entwicklungsund Erziehungspsychologie* (S. 101–116). Springer.

Lorenz, E. N. (1963). Deterministic nonperiodic flow. *Journal of theAtmospheric Sciences., 20*, 130–141.

Lukas, J. (2006). Signalentdeckungstheorie. In J. Funke & P. A. Frensch (Hrsg.), *Handbuch der Allgemeinen Psychologie – Kognition* (S. 732–740). Hogrefe.

Markowitsch, H. J. (2004). Warum wir keinen freien Willen haben. Der sogenannte freie Wille aus Sicht der Hirnforschung. *Psychologische Rundschau, 55*, 163–168.

Masten, A. S. (2011). Resilience in children tbreatened by extreme adversity: Frameworks for research, practice, and translational synergy. *Development and Psychopathology, 23*, 493–506.

Mele, A. R. (2009). *Effective intentions: The power of conscious will*. Oxford University Press.

Morgan, C. L. (1903). *An introduction to comparative psychology* (2. Aufl.). Walter Scott.

Müller-Lyer, F. (1889). Optische Urteilstäuschungen. *Archiv für Physiologie Suppl.*, 263–270.

Na, R., Bi, T., Tjian, B. S., Liu, Z., & Fang, F. (2018). Effect of task difficulty on blood-oxygen-level-dependent signal. A functional magnetic resonance imaging study in a motion discrimination task. *PLoS ONE, 13*, e0199440.

Nagel, T. (1974). What is it like to be a bat? *Philosophical Review, 83*, 435–450.

Newson, L., & Richerson, P. (2018). Dual inheritance theory. *The International Encyclopedia of Anthropology, 12*, 1–5.

Nisbett, R., & Wilson, T. (1977). Telling more than we can know. *Psychological Review, 84*, 231–259.

Northoff, G., Boeker, H., & Bogerts, B. (2006). Subjektives Erleben und neuronale Integration im Gehirn: Brauchen wir eine Erste-Person-Wissenschaft? *Fortschritte der neurologischen Psychiatrie, 74*, 627–633.

Pauen, M., & Roth, G. (2008). *Freiheit, Schuld und Verantwortung*. Suhrkamp.

Placek, T. (2019). Laplace's demon tries on Aristotle's cloak: On two approaches to determinism. *Synthese, 196*, 11–30.

Pockett, S., & Purdy, S. (2011). Are voluntary movements initiated preconsciously? In W. Sinnott-Armstrong & L. Nadel (Hrsg.), *Conscious will and responsibility* (S. 34–46). Oxford University Press.

Polanyi, M. (1966). *The tacit dimension*. Doubleday.

Prinz, W. (2021). *Bewusstsein erklären*. Suhrkamp.

Putnam, H. (1967). Psychological predicates. In W. H. Captain & D. D. Merrill (Hrsg.), *Art, mind and religion* (S. 37–48). Pittsburgh Press.

Rasmussen, J. (1986). *Information processing and human-machine interaction*. North Holland.

Rhee, S. H., & Waldman, I. D. (2002). Genetic and environmental influences on antisocial behavior: A meta-analysis of twin and adoption studies. *Psychological Bulletin, 128*, 490–529.

Riemann, R., & Spinath, F. M. (2005). Genetik und Persönlichkeit. In J. Henning & P. Netter (Hrsg.), *Biopsychologische Grundlagen der Persönlichkeit* (S. 539–628). Elsevier.

Roth, G. (2003). *Fühlen, Denken, Handeln* (2. Aufl.). Suhrkamp Taschenbuch Wissenschaft.

Roth, G. (2004). Worüber dürfen Hirnforscher reden – Und in welcher Weise? In C. Geyer (Hrsg.), *Hirnforschung und Willensfreiheit. Zur Deutung der neuesten Experimente* (S. 66–85). Suhrkamp.

Roth, G. (2009). *Aus Sicht des Gehirns* (2. Aufl.). Suhrkamp.

Roth, G. (2010). *Wie einzigartig ist der Mensch? Die lange Evolution der Gehirne und des Geistes.* Spektrum Akademischer.

Roth, G. (2021). *Über den Menschen.* Suhrkamp.

Rushton, R. P. (2004). Genetic and environmental contributions to pro-social attitudes: A twin study of social responsibility. *Proceedings of the Royal Society of London B, 271,* 2583–2585.

Schlimme, J. (2008). Der Wille in der psychiatrischen Therapie. In H. G. Petzold & J. Sieper (Hrsg.), *Der Wille, die Neurobiologie und die Psychotherapie* (S. 359–394). Edition Sirius.

Schultze-Kraft, M., Birman, D., Rusconi, M., Allefeld, C., Gorgen, K., Dahne, S., Blankertz, B., & Haynes, J.-D. (2016a). The point of no return in vetoing self-initiated movements. *Proceedings of the National Academy of Sciences, 113,* 1080–1085.

Schultze-Kraft, M., Birman, D., Rusconi, M., Allefeld, C., Gorgen, K., Dahne, S., Blankertz, B., & Haynes, J.-D. (2016b). The point of no return in vetoing self-initiated movements. *Proceedings of the National Academy of Sciences 113,* Supplement.

Scribner, S. (1985). Vygotsky's uses of history. In J. V. Wertsch (Hrsg.), *Culture, communication, and cognition: Vygotskyan perspectives* (S. 119–145). Cambridge University Press.

Seligman, M. (1999). *Erlernte Hilflosigkeit.* Beltz.

Singer, W. (2002). *Der Beobachter im Gehirn – Essays zur Hirnforschung.* Suhrkamp.

Singer, W. (2004). „Verschaltungen legen uns fest: Wir sollten aufhören, von Freiheit zu sprechen". In C. Geyer (Hrsg.), *Hirnforschung und Willensfreiheit. Zur Deutung der neuesten Experimente* (S. 30–65). Suhrkamp.

Singer, W. (2008). Selbsterfahrung und neurobiologische Fremdbeschreibung. Zwei konfliktträchtige Erkenntnisquellen. In H. G. Petzold & J. Sieper (Hrsg.), *Der Wille, die Neurobiologie und die Psychotherapie* (S. 197–227). Edition Sirius.

Singer, W. (2013). *Der Beobachter im Gehirn.* Suhrkamp.

Soon, C. S., Brass, M., Heinze, H.-J., & Haynes, J.-D. (2008a). Unconscious determinants of free decisions in the human brain. *Nature Neuroscience, 11,* 543–545.

Soon, C. S., Brass, M., Heinze, H.-J., & Haynes, J.-D. (2008b). Unconscious determinants of free decisions in the human brain, *Suppl. Information, Nature Neuroscience, 11,* Supplement.

Stederoth, D. (2015). *Freiheitsgrade. Zur Differenzierung praktischer Freiheit.* transkript.

Storch, M. (2009). Hausaufgaben! Oder lieber nicht? In U. Herrmann (Hrsg.), *Neurodidaktik* (S. 222–244). Beltz.

Strobach, T., Hendrich, E., Kübler, S., Müller, H., & Schubert, T. (2018). Processing order in dual-task situations. The „first-come, first-served" principle and the impact of task order instructions. *Attention, Perception & Psychophysics, 80,* 1785–1803.

Tancredi, L. (2007). The neuroscience of "free will". *Behavioral Sciences and the Law, 25,* 295–308.

Tomasello, M. (2020). *Mensch werden – Eine Theorie der Ontogenese.* Suhrkamp.

Valsiner, J. (2019). Culture & Psychology: 25 constructive years. *Culture & Psychology, 25,* 129–169.

Van Inwagen, P. (2008). How to think about the problem of free will. *Journal of Ethics, 12,* 327–341.

Vygotsky, L. S. (1978). *Mind in society: The development of higher mental processes.* Harvard University Press.

Vygotsky, L. S. (1981). The genesis of higher mental functions. In J. V. Wertsch (Hrsg.), *The concept of activity in Soviet psychology* (S. 144–188). Armonk.

Waaktaar, T., & Torgersen, S. (2012). Genetic and environmental causes of variation in trait resilience in young people. *Behavior Genetics, 42,* 366–377.

Walter, H., Von Kalckreuth, A., Schardt, D., Stephan, A., Goschke, T., & Erk, S. (2009). The temporal dynamics of voluntary emotion regulation. *PLoS ONE, 4,* e6726.

Walter, J., & Hümpel, A. (2016). Einführung in die Epigenetik. In R. Heil, S. B. Seitz, H. König, & J. Robienski (Hrsg.), *Epigenetik. Ethische, rechtliche und soziale Aspekte* (S. 15–33). Springer VS.

Walter, S. (2016). *Illusion freier Wille? Grenzen einer empirischen Annäherung an ein philosophisches Problem.* Metzler.

Wegner, D. R. (2002). *The illusion of free will.* MIT Press.

Werner, E., & Smith, R. S. (1982). *Vulnerable, but invincible. A longitudinal study of resilient children and youth.* McGraw-Hill.

Zimbardo, P. G., & Gerrig, R. J. (2008). *Psychologie* (18. Aufl.). Pearson Studium.

Zum Weiterlesen

Beckermann, A. (2008). *Gehirn, Ich, Freiheit: Neurowissenschaften und Menschenbild.* Mentis.

Clarke, R. (2003). *Libertarian accounts of free will.* Oxford University Press.

Keil, G. (2019). Besteht libertarische Freiheit darin, beste Gründe in den Wind zu schlagen? In G. Keil (Hrsg.), *Streit um die Freiheit* (S. 23–39). Ferdinand Schöningh.

List, C. (2021). *Warum der freie Wille existiert.* Wissenschaftliche Buchgesellschaft.

Pereboom, T. (2002). Living without free will: The case for hard incompatibilism. In R. Kane (Hrsg.), *The Oxford handbook of free will* (S. 477–488). Oxford University Press.

Valla, L. (1987). *Über den freien Willen: De libero arbitrio.* Fink.

Printed in the United States
by Baker & Taylor Publisher Services